# HOMERO:

# LA ILIADA Y LA ODISEA

POR EL

## DR. RAMON MEZA Y SUAREZ INCLAN

PROFESOR DE LA ESCUELA DE PEDAGOGIA DE LA UNIVERSIDAD

DE LA HABANA

2ª EDICION

HABANA
—
IMPRENTA "AVISADOR COMERCIAL
AMARGURA 30
1907

WINDHAM PRESS
CLASSIC REPRINTS

HOMERO

Cuanto se relaciona con Homero y con los dos hermosos poemas, la Ilíada y la Odisea, modelos de sublimidad legados por el genio artístico de Grecia para noble contemplación y puro regocijo de los espíritus cultos de todos los tiempos, brinda vasto y fecundo campo á la investigación. No se avanza un solo paso con el propósito de conocer la persona y vida de Homero, la fisonomía de su tiempo, la forma y extensión primitivas de sus obras y aun la propiedad de ellas sin que asalten el ánimo dudas numerosas. Mas no por cierto son esas dudas desalentadoras y estériles sino que despiertan el más vivo afán de poseer por completo la verdad, aun á trueque de herir tiernos sentimientos arraigados en el alma por el cariño hacia la venerable figura del poeta tal como la leyenda y la escultura han contribuído á grabarla en nuestra imaginación.

Aunque el Estudio histórico crítico de la Iliada y la Odisea y su influencia en los demás géneros poéticos de Grecia que haremos, parece relevarnos de un trabajo detenido, minucioso, sobre cada una de las cuestiones suscitadas acerca de la vida de Homero, de su existencia, del lugar de su nacimiento; si fué realmente el autor de la Iliada y la Odisea, de uno solo ó de ninguno de los dos poemas; si ambos fueron debidos á cantores ó aedas ó ya producto espontáneo del genio nacional, como el Romancero del Cid, los cantos del falso Ossian, los Niebelungen, y luego armónicamente dispuestos por Solón ó Pisístrato y más tarde por los retóricos de Alejan-

dría; si el autor hubo de escribir sus poemas ó si los transmitió ver-
balmente á sus discípulos y tantos otros puntos interesantes que
excitaron la labor de sabios filólogos, historiadores y críticos moti-
vando teorías que han dado lugar á la formación de escuelas litera-
rias cuyas opiniones y criterio demuestran la importancia y trascen-
dencia, que ofrecen, lo mismo en el terreno artístico y literario que
en el científico, al investigador escrupuloso, no es posible que deje-
mos de examinar lo que de antiguo se ha comprendido bajo la deno-
minación de problemas homéricos, si nos proponemos el estudio de
ambos célebres é inmortales poemas libres de todo prejuicio acerca
de su forma y naturaleza.

Claro es que no pretendemos resolver ninguna de estas cuestio-
nes, abiertas aún á la discusión  y objeto de apasionadísimas polé-
micas, cuya exposición sólo, por breve que fuere, no habrían de
consentir los límites del presente trabajo.   No obstante, trataremos
de dilucidar algunos de estos puntos dudosos porque á ello nos in-
duce la exposición histórico-crítica que necesita el completo des-
arrollo de la tesis.

———

¿En qué momento histórico aparecen la Iliada y la Odisea?   El
estudio de la obra nos obliga á fijar y conocer la época en que, pro-
bablemente, debió de vivir su autor, no sin que este primer paso
hayamos de darlo con grande vacilación y temor entre el cúmulo de
conjeturas y aun de contradicciones que es frecuente hallar en la
inexcusable consulta de autoridades dignas de nota, unas por su
antigüedad, otras por su ciencia.

Es á Herodoto á quien con preferencia se acude para fijar la
fecha probable de la existencia de Homero.   Este historiador nos
asegura que vivió cuatrocientos años antes que él, [1] es decir, en el
siglo noveno antes de la era cristiana.   Cicerón, Apolodoro, Plinio
y Porfirio la fijan en el siglo décimo. [2]  Erastone, Aristarco y Fi-
lócrates aseguran que vivió de ciento veinte á ciento ochenta años
después del sitio de Troya.   El autor de la absurda biografía de
Homero, que dió en atribuirse á Herodoto durante mucho tiempo,
asegura que el poeta nació seiscientos veintidós años antes de la

---

1 Cuatrocientos años, y no más, pueden llevarme de ventaja Hesiodo y Homero los cuales
escribieron la teogonia entre los griegos, dieron nombre á sus dioses, mostraron sus figuras, les
atribuyeron y repartieron honores, artes y habilidades siendo á mi ver muy posteriores á éstos
los poetas que se cree les antecedieron.   Esta última observación es mía; lo demás lo decían los
sacerdotes de Dodona. Herodoto. *Los nueve libros de la Historia*. Libro II, cap. LIII, Edic,
Bibliot. Clásica.  Madrid 1878 (pág. 176).

2 Cantú. *Biogr. de Homero*, tom. X, pág. 20.

expedición de Jerjes á Europa, fecha que corresponde al año 1102 antes de Jesucristo. Dos autores modernos, de este siglo, á quienes no es posible dejar de la mano tratándose de Homero, por la erudición y conciencia con que han estudiado su vida y sus obras, Mr. Schœll [1] y C. Otfrido Müller, [2] no se hallan tampoco de acuerdo al determinar la fecha del nacimiento del poeta. El primero que parece atender en éste como en otros puntos importantes la biografía del pseudo-Herodoto [3] la señala como probable hacia los años 1000 y 1100 antes de nuestra era; y el segundo se guía por los cálculos de Herodoto, y haciendo notar de paso que éstos convienen con los indicados por los cronólogos alejandrinos, se inclina á fijar la fecha en que floreció Homero, en el año novecientos, anterior al nacimiento de Jesucristo. [4]

---

1 *Histoire de la littérature grecque profane.* Paris 1823, tom. I, pág. 101.

2 *Histoire de la littérature grecque.* Paris 1866, tom. I, pág. 86.

3 La fuente principal de estos cálculos ha sido el § XXXVII de la citada biografía que de una versión francesa traducimos. « Ya he contado todo lo que atañe á la vida y muerte de Homero; no me queda sino hablar del tiempo en que ha existido. Será fácil determinarlo con exactitud, sin temor de engañarse, examinando así el asunto. La Isla de Lesbos no tenía aún ciudades y se fundaron 130 después de la expedición de Troya mandada por Agamenón y Menelao. Cimea, villa eolia, llamada también Fricónida, fué fundada veinte años después de Lesbos y diez y ocho años más adelante Esmirna, por los cimeos. Por este tiempo vino Homero al mundo. Del nacimiento del poeta hasta la expedición de Jerjes á Grecia hay 622 años. Los tiempos venideros pueden calcularse ya más fácilmente por los arcontes. Queda, pues, probado que Homero nació 168 años después de la toma de Troya.» *Vie d'Homère attribuée á Herodote Choix des historiens grecs,* par J. A. Bouchon. Paris 1840, págs. 337-345.

4 Sería interminable trabajo el de continuar la cita de autores, tanto modernos como antiguos que calculan de modo distinto la fecha probable de la existencia del poeta. La Harpe en su *Cours de Littérature,* tom. I, pág. 176, Paris 1826, dice que cerca de mil años antes de Jesucristo y trescientos después de la guerra de Troya. El historiador Johannes Von Müller *Hist. Universal,* Boston 1843, tom. I, pag. 51, anota que los poemas de Homero tan antiguos como los salmos de David, debieron ser compuestos siglo y medio después de la ruina de Troya. Gómez Hermosilla, la fija en el siglo X antes de la era cristiana: *La Iliada de Homero,* Madrid 1831, Introd. pág. 9. Y para terminar, transcribiremos la erudita nota de un apreciable traductor de Homero, quien, en el estudio preliminar de su trabajo consigna estas discretas frases: «¡Felices si podemos algún día derramar siquiera un rayo de luz sobre una personalidad rodeada aún de obscuridad y que ha sido estudiada tan laboriosamente durante algunos siglos en Inglaterra, Alemania y Francia!» He aquí ahora su nota sobre la fecha en que vivió Homero; «Crates dice que existió por los mismos días que los heráclidas en el Peloponeso, esto es, ochocientos años antes del sitio de Troya. Herodoto, que Homero nació cuatro siglos antes que él. Erastótenes, Aristarco y Filócrates pretenden que Homero nació 120, 140 ó 180 años después de los combates que canta en la Iliada. Eusebio, en la edición armenia, señala su nacimiento hacia el año 915 de Abraham que corresponde al año de 1201 de nuestra era. Veleyo Patérculo afirma que Homero nació 969 años antes de Jesucristo; esta época concuerda con la señalada por Herodoto. Blakwel y Wood piensan que fué contemporáneo de la guerra de Troya. Según los mármoles de Paros Homero floreció 906 años antes de nuestra era, bajo el arcontado de Diogenetes, y solamente 884, según Larche Barthelemy, que es posterior cuatro siglos á la guerra que cantó. Heyne, tratando de armonizar la cronología con la razón, pretende que Homero existió 907 años antes de Jesucristo. Aristóteles y Plutarco tienen la discreción de no fijar determinadamente la época en que existió el poeta. Mr. Gignat, dice que si Homero existió, cosa que no pone en duda según sus obras en defecto de positivos datos históricos lo revelan, debió ser Eolio ó de Jonia lo mismo que los principales homéridas sus hijos en espíritu, su familia poética y debió cantar en las co-

Cuando se trata de fijar con exactitud la ciudad de Grecia donde hubo de mecerse la cuna del poeta, encuéntranse también no sólo conjeturas contradictorias entre las autoridades á quienes se acude en solicitud de precisos datos, sino verdaderas hipótesis cuyo fundamento á veces no es más que una brillante osadía, si por acaso ya desde el principio no se ve desorientado por completo el investigador, ante la viva reclamación entablada, nada menos que entre siete principalísimas ciudades de la Grecia misma, cuyo nombre consignó un dístico célebre:

ἑπτὰ πόλεις διερίζουσιν περὶ ῥίζαν Ὁμήρου·
Σμύρνα, Ῥόδος, Κολοφών, Σαλαμίν, Χίος, Ἄργος, Ἀθῆναι.

Pope, que examina y extracta minuciosamente multitud de documentos antiguos [1] cuya cita es frecuente hallar aun entre los autores de más nota que después de él se han ocupado de las cuestiones planteadas acerca de Homero, su vida y sus obras, asegura que en su tiempo [2] no conocía ninguna vida de Homero escrita por autor contemporáneo y que, en las que nos habían legado los antiguos existían contradicciones marcadas. Para probar el nacimiento de Homero en Esmirna puede citarse, según este autor, el epigrama que se hallaba al pie de la estatua de Pisístrato en Atenas y aducirse además las autoridades á que en sus obras se refieren Cicerón, Estrabón y Aulo Gelio por las vidas de Homero atribuídas á Plutarco, Herodoto y Proclo y otras vidas más de autores desconocidos. Los ciudadanos de Esmirna levantaron un templo y acuñaron medallas en honor de Homero y se gloriaron siempre de ser sus

lonias ya florecientes del Asia menor; cree que uno de los cálculos más probables acerca de la época en que existió Homero es el de Herodoto, según el cual viviría 400 años antes que él, es decir, en el siglo IX antes de nuestra era; á todo lo más que puede remontarse según opinaron Cicerón, Plinio y Porfirio es al siglo X. Mr. George Lange, se declara, en su carta á Goëthe contra el sistema histórico de Wolf y pretende que todo lo que los antiguos discurren respecto de la vida y de la edad de Homero debe mirarse con recelo y que, á pesar de sus cálculos y los de los sabios modernos, la existencia del cantor de la Ilíada y la Odisea debe fijarse en el siglo octavo antes de Jesucristo.» Prosigue el autor dando su opinión sobre las biografías de Homero y cita la de Herodoto que cree supuesta por Mr. Larcher, á causa de las fábulas que contiene. Mr. Schoell en su *Histoire de la littérature grecque*, habla de la vida de Homero compuesta por Plutarco, y de la cual Aulo Gelio copió algunos pasajes. Se citan otras cuatro biografías: las de León Allacio, de Juan Iriate, Dión Crisóstomo y Proclo; pero son tan diferentes unas de otras, están tan llenas de cuentos imaginarios que es imposible aceptarlas como ciertas. E. Bareste *Homère L'Iliade*, Paris 1843. Introd. pág. 7 (véase el apéndice).

1 *Essai sur la vie et les écrits d'Homère*, trad. par Madame Dacier.

2 Alejandro Pope, autor inglés, se ocupó durante doce años de su vida en traducir la Ilíada y la Odisea y aunque en su traducción no sigue fiel y exactamente á Homero, son muy notables sus estudios sobre el poeta. La existencia literaria de este autor puede fijarse en el primer tercio del antepasado siglo.

compatriotas. Entre las tradiciones que existen respecto del fin que cupo al célebre detractor de los poemas homéricos, Zoilo, asegura una que fué quemado vivo por los habitantes de Esmirna llenos de enojo contra el osado que se atrevió á señalar los defectos del épico, gloria casi divinizada en la ciudad. Por otra parte, los de Chios hacen valer el testimonio de Simónides y Teócrito para probar que Homero nació en su ciudad; además, refiérense á sus descendientes los homéridas que vivieron en Chios también á medallas y templos fabricados en honor del poeta. En el himno á Apolo, atribuído á Homero por Tucídides, el cantor de la Iliada alúdese á sí mismo, apellidándose el ciego de Chios. Allacio, después de discutir las razones de los habitantes de Chios y de Esmirna, cree que los testimonios del lugar en que nació Homero, se hallan en favor de Chios. Pope, á quien seguimos, no se decide; apoyándose en Jenofonte cree que es probable que cada una de estas ciudades tuvo su Homero por ser este nombre común entre los griegos: considera arriesgado por ese dato solo fijar la cuna del poeta. Preferimos estas consideraciones del autor citado porque acaso son las mismas que presentan, salvo algún lujo en los detalles, pero sin que varíe notablemente en el fondo la cuestión, autores más modernos.

Otfrido Müller, en sus eruditísimas disquisiciones sobre la historia de Esmirna, inclinóse á tener esta ciudad como la patria del poeta, no sólo porque fué opinión sostenida en las más florecientes épocas de Grecia, sino por la leyenda vulgarizada de hacer á Homero hijo de la ninfa Criteis y del río Meles; de esta suerte parécele conciliar opiniones tan autorizadas como las de Antímaco, Eforo, los atenienses y las de cada escritor y ciudad que se proclaman compatriotas de Homero, Además, estudiando las obras de Homero, indica Müller, los recuerdos patrios y los sentimientos nacionales, hay que convenir con Aristarco que en el pecho de aquel poeta latía un corazón jonio. [1]

1 En el Pseudo-Herodoto se afirma que Homero debió ser eolio por la preferencia y exactitud con que en sus poemas se describen las costumbres de los eolios; el § XXXVIII de esta célebre biografía dice: « Ya puede verse por qué he dicho que Homero no era dorio ni de la isla de Ios, sino eolio.» A lo que se refiere el anónimo autor es, al entusiasmo y viveza con que el poeta celebra las costumbres de su país, creyéndolas más agradables y bellas: fijándose, además en la predilección con que elige ciertos detalles. Al hablar de los sacrificios, por ejemplo, prefiere en sus versos repetir « que levantan la frente del toro hacia el cielo, le degüellan, le despojan de la piel, le separan los muslos y cubren de grasa por turno, los pedazos sanguinolentos de todas las partes de la victima. No habla de las entrañas porque los eolios son los únicos entre los griegos que no las queman.» A juicio del autor del Pseudo-Herodoto, Homero hace ver también que es eolio en el pasaje siguiente: « El anciano quemó la víctima en la hoguera sagrada y con un cántaro hizo libaciones. Los jóvenes alrededor de él ténían asadores de cinco puntas ó dientes.»

No nos detendremos en el examen de los argumentos que se **han** sostenido en otras cuestiones que atañen también á la personalidad del poeta y que comienzan nada menos que por interpretar el sentido del propio nombre de Homero que según unos es ὅμηρος, *rehen*, porque los habitantes de Esmirna lo cedieron en calidad de tal á los de Colofón; que según otros es ὁ μὴ ὁρῶν, sinónimo de τυφλός, *ciego*, ó bien, ὁμοῦ εἴρω, que quiere decir *recopilador*, en todo semejante á los rapsodas. Muchas acepciones más tiene y se han anotado, esforzando unas veces el espíritu de interpretación filológica, aguzando otras el ingenio, el nombre del poeta. Mas con esta sola base poco se adelanta para conocerle; pues si se atiende al valioso testimonio ya aludido, de Tucídides, que asegura que el cantor del himno á Apolo Delio que hablando de sí mismo llámase el *ciego de Chios* no es otro sino Homero, Aulo Gelio, por su parte sostiene que un documento histórico de gran valor, la medalla de Chios, representa á Homero anciano, de rostro correcto y venerable, sentado, teniendo en sus manos un escrito que lee. El más superficial examen de la Iliada y la Odisea nos convence por la exactitud, el realismo y la firmeza que palpita en sus descripciones que el autor vió y observó; mas no impide esto tampoco

---

Los eolios, sigue comentando, son los únicos pueblos de la Grecia que cocían las entrañas de las víctimas con asadores de cinco púas, los demás griegos los usaban de tres, *tridentes*. Los eolios dicen también πέμπε, por πέντε, cinco.

Para demostrar que con el lugar del nacimiento de Homero resulta lo propio que con la fijación de la fecha en que existió, nos referiremos á una nota de E. Bareste, *Homère L'Iliade*, París 1843, y á una original conseja que con sobrada buena fe, prohija este mismo autor. «Alejandro de Pafos hace á Homero oriundo del Egipto. Aristóteles y Bacquílides, se inclinan á suponer que nació en la isla de Ios. Luciano, le cree babilonio. Cicerón le hace ciudadano de Colofón y Salamina. Aristarco y Dionisio de Tracia, natural de Atenas. Sindas, afirma que nació en Tesalia. Píndaro que en Esmirna. Ateneo que en Siria. Simónides que en Chios.»

Para que pueda juzgarse hasta dónde llega el afán de traer algún nuevo dato sobre la historia y vida tan discutidas del poeta, transcribiremos siquiera por su originalidad lo que nos cuenta Bareste para confirmar su teoría de que no es nada arriesgado asegurar que Homero nació en Persia y que escribió sus poemas en idioma de este país. Nos hace sabedores el apreciable traductor y comentarista de Homero citado, de que «recibió una carta de un amigo suyo, químico distinguido, en la cual se refiere que Dryatis, filósofo y químico persa, que vivió 150 años antes de Jesucristo, habla de Homero en estos términos: «Homero jamás fué ciego: su verdadero nombre fué Pensalón. Nació en Persépolis, de una familia ilustre y fué recibido entre los magos. En agradecimiento á semejante distinción presentó Homero á sus colegas la Iliada y la Odisea compuestas en idioma persa que fué el primero en que hubieron de escribirse ambos poemas. Como Pensalón viajó mucho hubo de cambiársele este nombre por el de Homero. Los magos recibieron un regalo magnífico de los reyes de Grecia y para corresponderles tradujeron al griego la Iliada y la Odisea: esto ha hecho creer á muchos que Homero nació en Grecia y que sus poesías originales fueron escritas en griego.» Nada menos probable; nada más extravagante y absurdo, podemos añadir sin temor; ó más bien como dijimos antes, esta conseja, cuando en cada una de esas dos admirables producciones, cualquiera que sea su autor, está palpitando el genio artístico, la inspiración inimitable de la Grecia. Puede discutirse si son de uno ó varios autores, puede discutirse su época y su primitiva forma, pero disputárselos á Grecia es desvarío incomprensible.

que fuera ciego. Después de madurado y concebido el plan de su obra pudo contraer el mal que le privó de la vista; pudo ser ciego como otro bardo discutido y legendario, el bardo Ossian ó como otro épico sublime: John Milton. No faltan motivos para incluir la personalidad del poeta entre los que en la misma Iliada y Odisea se citan: Femio, Tamiris y Demodoco, cantores populares, rapsodas, que acudían de un pueblo á otro y solemnizaban los banquetes y las fiestas esparciendo con las notas harmoniosas de sus liras los ecos más conmovedores, originales y vivos de la historia, de las tradiciones, de los mitos de Grecia. Quizá también pudo ser Homero un mendigo: poco menos lo han sido en edades más adelantadas los genios todos: el amor hacia los ideales más puros, elevados y ennoblecedores no se sustenta comúnmente sin que la realidad imponga los más duros sacrificios. Pero nada nos dice la obra que revele condición débil ni menos vil y aduladora en el autor; si por acaso fué mendigo conservó siempre su corazón grande y noble, su espíritu vigoroso para enaltecer los hechos heroicos de su patria, inmortalizar sus héroes, y lo que es más, un alma magnánima para consagrar un recuerdo tierno, á veces una lágrima, á los héroes enemigos que morían en combate abierto y leal.

Sin embargo, esta personalidad con todos sus defectos y cualidades relevantes, como sér individual, se ha discutido, se discute, y en verdad que no se halla bien determinada. Los problemas homéricos motivaron muy vivas y resonantes polémicas que si unas veces han dado origen á producciones ingeniosas y superficiales otras veces, dieron como fruto valioso, obras de labor erudita, pacientísima, que ora afirman y ora niegan la existencia del poeta; y ante el cúmulo agobiador de documentos aducidos; ante la reputación merecidamente conquistada de los corifeos de un partido y otro, difícil, sumamente difícil, es disipar del ánimo las dudas que como nieblas persistentes y densas impiden que brille en toda su pureza la verdad oculta, además, por la lejanía de los tiempos y el desastre y confusión de documentos.

Un autor de este siglo, Otfrido Müller [1] que ha recogido las tradiciones de cuantos escritores se ocuparon anteriormente de Homero que ha dilucidado en síntesis admirable cuanto se refiere á la persona y vida del poeta, despreciando con silencio discreto gran número de hipótesis arriesgadas y absurdas, apoyando su trabajo,

---

1 *Etude sur Otfried Müller et son école*, par K. Hillebrand. Paris 1866.

severo, sobrio, diáfano, en copiosos datos auténticos, recogidos en su fuente, ya veremos más adelante qué teoría asienta, luego de examinar como obras de un solo genio, la Iliada y la Odisea.

Por ahora procuraremos fijar, en una breve ojeada histórica las alternativas que ha sufrido la opinión guiada por críticos y autores acerca de Homero y los diversos modos como han sido consideradas sus obras.

El historiador Josefo asienta categóricamente que Homero no escribió estos poemas sino que los recitó á sus discípulos, los cuales durante algunas generaciones hubieron de trasmitírselos de memoria. Robert Wood [1] apoyándose en el testimonio del notable autor de la *Historia y Ruina de Jerusalem*, á quien era el griego tan familiar que en este idioma escribió algunas de sus obras, sentó la teoría de que Homero no pudo escribir sus poemas porque en su época no se conocía la escritura. Este punto, como otros, fué objeto de prolongada discusión en que tomaron parte Amelang, de Mareé, Weber y Chavier señalándose por su argumento contra Wood, Jean León Hug. Dijo este autor que si era cierto que en el pasaje de la Iliada en que se apoyaba con más ahinco su antagonista, no hablaba Homero claramente de escritura sí se advertía ya que los griegos se comunicaban por medio de signos convencionales.

Si la Iliada y la Odisea fueron escritas, si en tiempo de Homero se conoció la escritura, punto histórico es, á nuestro juicio, que importa esclarecer de antemano para fijar aproximadamente la época de la concepción de estos poemas y aceptar ó desechar las hipótesis sostenidas por los que opinan que la Iliada no es fruto de un solo genio, ora por las contradicciones inexplicables que encierra, ya por la irregularidad de su estilo, ó bien porque pueden señalarse pasajes pertenecientes á distintos dialectos del primitivo en que se supone escrito el poema y que es el antiguo jónico ó épico. [2]

No hay lugar en la Iliada y la Odisea, arguyen los que opinan que estos poemas no pudieron ser escritos, en que se hable de escritura: ésta no fué conocida en Grecia en tiempos de Homero. Dos pasajes de la Iliada [3] en los cantos VI y VII han sido la base de

---

1 *Essay on the original genius and writings of Homer.* 1769, Londres.
2 Jorge Curtius, *Gramática Griega*, Madrid 1877, pág. I.
3 Si juzgáramos el punto por la traducción que tenemos de Gómez Hermosilla, estaría resuelto: en uno de ellos habla claramente de una carta que el rey Preto entrega á Belerofonte conteniendo una amenaza de muerte contra éste, pero va bien cerrada, llega á su destino y es leída sin dificultad. Á hallarse en el texto griego tan claro el punto no hubiera dado lugar á dudas, que no se han disipado del todo, ni á tantas polémicas interminables.

los esfuerzos hechos para afirmar ó negar que por entonces conocieran los griegos el arte de escribir. Si pudiera probarse que el poema ha sido trasmitido de memoria durante las generaciones que mediaron entre la fecha en que los concibió su autor hasta que, conocido el arte de escribir, hubieron de confiarse á guarda más fiel que la memoria por más que ésta por hábito se halle ejercitada, comprenderíase fácilmente por qué la versión original hubo de ser alterada. Hay quien atribuye á Licurgo, que vivió en el siglo noveno, esto es, cien ó doscientos años solamente con posterioridad á la fecha en que determinan los más de los autores la existencia de Homero, el trabajo de haber mandado copiar los dos poemas recitados hasta entonces en las fiestas y certámenes públicos.

Otros historiadores adelantan algo más, al siglo VI antes de J. C., y apoyándose en el testimonio de León Allatio, dicen que era opinión de los antiguos críticos de la escuela de Alejandría que las poesías de Homero habían perdido su originalidad porque se trasmitían de memoria. Un tirano de Atenas, Pisístrato, que tuvo graves defectos, pero á quien no pueden dejar de reconocérsele dotes de ilustración y cultura, pues fué el primero que abrió una biblioteca pública en Atenas, dispuso, que los poemas de Homero se copiasen y expurgase cuanto estuviera alterado en el texto. Es ya axioma entre críticos é historiadores que la división de la Iliada y la Odisea en veinticuatro cantos con que actualmente conocemos ambos poemas es obra de los gramáticos de Alejandría, con especialidad de Aristarco.

Hé aquí los pasajes de nuestro traductor:

«.....................................La vida
no se atrevió á quitarle por su mano,
que el temor de los dioses le contuvo;
pero le envió á Licia, y bien cerrada
*triste carta le dió donde escribiera*
calumnias en su daño: y á su suegro
le mandó que en llegando la mostrara
para que éste su nombre procurase.»

Iliada. Canto VI—280-287.

———

«Así dijo el anciano: y todos ellos
haciendo en una tarja cierta nota
en el cóncavo yelmo las echaron
de Agamenón........................»

Iliada. Canto VII—282-285.

En vez de la palabra *carta* empleada en el primer pasaje por el traductor castellano, parece más exacta la de *tablillas dobladas* que era lo que llevaba Belerofonte en sus manos. Así lo representa la pintura de un vaso cuyo fac-símil copia V. Duruy en su amena *Historia de los griegos*, Barcelona 1890. T. I, pág. 45.

Puede, pues, afirmarse, sin temor de que se tache de arriesgada la opinión, que los poemas de Homero no los conocemos hoy tal y como los concibiera el genio de su autor, cualquiera que haya sido éste; la historia nos da testimonio claro de las vicisitudes que han corrido á través de las generaciones y los siglos. No creemos sin embargo que las añadiduras, que aun los más apasionados defensores de la pureza y unidad de estos poemas les ha sido forzoso anotar, se deban á que ambas producciones no hayan podido ser escritas, sobre todo la Odisea. Su lectura convence de que por muy toscas que sean las costumbres que en ellas se describen, aun en la Iliada, no descienden al grado en que se hallan las de los pueblos que no tienen nociones del arte rudimentario de trasmitir los pensamientos por medio de signos. Los vestidos lujosos de los héroes griegos y troyanos, sus yelmos, lanzas, lorigas, saetas y escudos repletos de cinceladuras delicadas, los fuertes carros, las naos pintadas y talladas, la descripción de Troya, sus muros, puertas, torres y palacios, la especie de carta geográfica trazada en el escudo de Aquiles, aunque no pocos convienen que todo este último pasaje es una interpolación de fecha posterior, arguyen un grado de civilización que no se aviene con la ignorancia del arte de escribir.

Por otra parte creemos que no se hallaba tan atrasada la cultura general del mundo y por tanto la particular del pueblo griego en el siglo x antes de la era cristiana. Los estudios de Lenormant [1] Maspero [2] Max Müller [3] Schlegel [4] Champollion [5] entre otros y los constantes trabajos y exploraciones de las sociedades arqueológicas, geográficas é históricas, que en tan alto grado ponen la honra de los ilustres pueblos que les proporcionan estímulos y elementos de vida para sus penosas investigaciones, han apartado considerablemente de nosotros la fecha de los orígenes de la civilización, pudiendo citarse hechos de toda probabilidad histórica, en Egipto, de los siglos noventa y cien anteriores al nacimiento de Jesucristo.

La más rápida consulta á la historia del mundo antiguo fortalece la creencia de que la escritura no debió ser desconocida de los

---

1 *Les premières civilisations.* Paris 1874.

2 *Histoire ancienne.* Paris 1876.

3 *A History of ancient sanscrit literature.* London 1859. *Origine et développement de la religion.* Paris 1879.

4 *Sur la langue et sagesse des indous.*

5 *L'Egipte sous les Pharaons*, 1814. *Précis du système hieroglyphique des anciens Egyptiens*, 1828.

griegos contemporáneos de Homero aunque la fecha de su existencia, repetimos, se coloque como indican algunos escritores de reconocida autoridad por los años 800 ó 1000 antes de J. C.   La dispersión de los arias, la noble y civilizadora raza que ha dado vida á los pueblos germanos y escandinavos de una parte y á los griegos, galos y romanos de otra, se fija antes del año 2000.

Ciertamente no se hallan aún datos que convenzan de que antes de ese suceso ya se conociese la escritura; pero puede afirmarse que los arias trabajaban á la sazón el cobre, conocían el bronce y si bien no fundían el hierro, usábanlo como el oro y la plata para adorno.   Recorrían el Oxus en toscas embarcaciones de ahuecados troncos y afírmase también que sus naos se mecieron en las ondas del Caspio.   Si por acaso no conocieron el arte de escribir vivieron los arias en la vecindad de pueblos, que probado está que ya la conocían, y en fácil comunicación y comercio con ellos.   Era además el pueblo ario excesivamente expansivo.   En el inmenso radio que abarca su emigración pudo recoger y asimilarse, por sus condiciones favorables á todo progreso, los gérmenes y aun los elementos de cultura que debió observar á su paso, sobre todo en Egipto, cuyo poderío debilitaron con sus frecuentes invasiones.   En China, en la época de Yu, por el año 2225 ya eran conocidas las artes útiles y de adorno, el calendario, la escritura y aun existían nociones astronómicas de admirable exactitud.   En Caldea, mucho antes de que el imperio babilónico cayera en poder de Toutmes III, año de 1559 antes de J. C., reinó en él Sargin ó Saryukin I, quien fundó en Agané una gran biblioteca, como resto de ella queda su catálogo y la copia de un libro de astronomía *La Luz de Bel.*   Los himnos más antiguos del libro i de los Vedas datan del año 2000 á 2500.   El Mahabarata, epopeya histórica que tantas analogías presenta en su plan, detalles y argumento con los poemas homéricos, porque canta la guerra grande de los diez reyes, entre las dos estirpes consanguíneas y rivales de los Kurus y Pandavas, pondera la gracia de Draupadi de formas divinas y rostro deslumbrador y describe minuciosamente las huestes que toman parte en la tenaz contienda, su prosapia ilustre y su patria, fué, como el Ramayana, obra que los autores colocan en el período védico, 2,500 á 1,000 años antes de J. C., esto es, muy anteriores á la fecha en que se fija la existencia del épico griego, si bien son posteriores á la dispersión de las tribus arias, entre las cuales no hay que olvidar los pelasgos, que combatieron en Egipto y estacionándose en Grecia, dejaron con sus ciclópeos mo-

numentos indelebles huellas de su paso.   La superstición brahmá-
nica impidió en la India el desarrollo de la escritura, que se supone
introducida con el alfabeto fenicio y la numeración arábiga en el
siglo IV antes de J. C.; pero á los arias que emigraron sólo 500 años
antes de la fecha en que se determina la concepción de los primeros
himnos de los dos poemas indios, libres de la tiranía intelectual del
sacerdote de Brahma recorriendo victoriosos las tierras de Fenicia,
de Siria y de Egipto, nada les impidió conocer é imitar la escritura,
adoptada ya en estos pueblos.   En la historia de Egipto es donde
hallaremos pruebas más decisivas del avanzado grado de cultura
que disfrutaban los pueblos orientales.   Desde la época que abar-
can las dinastías IV y V de Menfis, años 4235 á 3703, se habla de la
existencia de bibliotecas, se citan fragmentos de una colección filo-
sófica de Kaquima y Ptahoptou y aun se trata de obras escritas por
los constructores de las pirámides.   La escritura ideográfica hallada
en los monumentos de Babilonia y de Caldea, conocida por hierática,
la poseyeron los turaníes cuando sólo hacían armas de bronce, pues
el hierro, que no sabían fundir, lo empleaban como la plata y el oro
en adornos,  usando para sus industrias instrumentos de piedra.

Aun habremos de hallar datos más preciosos y concretos revi-
sando la historia de Fenicia.   Los gérmenes de cultura recibiólos
este pueblo, joven, si con los anteriores se compara, de la Siria y
del Egipto.   Estrabón afirma que los griegos estudiaron en Egipto
la geometría y en Fenicia los números y los astros.   Los fenicios
inventaron el alfabeto haciéndolo, según la frase de Renan, valioso
producto de su comercio, por la época correspondiente á las dinas-
tías XV y XVI de los Hicsos que se fija desde los años 2214 á 1703,
fecha también muy anterior á los poemas homéricos. [1]  Prueba ma-
terial é irrefutable de estas estrechísimas relaciones de la cultura
primitiva en estos pueblos se obtendrá examinando los cuadros
comparativos, formados por M. de Bougé, del alfabeto egipcio y
fenicio y los del alfabeto fenicio y griego por M. Lenormant. [2]

La opinión de que la Grecia procede del oriente, dice con la ele-
gancia habitual de su estilo el historiador Laurent, [3] remóntase á
la antigüedad: la Grecia recogió los gérmenes de la civilización
egipcia y del Asia.   La creencia de los antiguos sobre este punto

1 Sales y Ferré, *Historia Universal.*  Madrid 1883, T. I, páginas 157, 190, 187, 213 y 253.
2 Pueden verse en la *Historia de los griegos* de V. Duruy. T. I, pág. 310. Barcelona
1890. Este historiador inclinase á creer que la escritura no fué desconocida en Grecia en tiem-
pos de Homero.
3 *Etudes sur l'histoire de l'humanité,*  Tomo I, L'Orient.  Bruxelles, 1861.

ha obtenido brillante confirmación en el descubrimiento de la literatura sánscrita; la lengua griega tiene sus raíces en la armoniosa de los indios y es natural buscar del mismo modo la fuente de los conocimientos filosóficos, religiosos y literarios de los hebreos en la India. Entre indios y griegos hay muchas palabras comunes que no solamente revelan el mismo origen de su idioma sino también el grado de cultura que hubieron de alcanzar hasta el momento de separarse. Los arias, que se establecieron en Grecia, fueron pastores, entregáronse á las labores del campo, lo cual supone un estado de civilización que no puede considerarse salvaje. [1] Nada se opone, pues, á la creencia de que el poeta de la Iliada, y sobre todo, el de la Odisea pudiera haber confiado á la escritura sus estrofas inspiradas y admirables.

Para traer á debidos términos las cuestiones suscitadas acerca de este importante punto histórico, preciso es no olvidar que tuvieron su origen, como otros muchos, en el siglo XVII influídas por el desprecio de Descartes y del P. Malebranche hacia las lenguas clásicas y las obras de los poetas y filósofos de la antigüedad. Aumentaron este desdén los apasionados juicios, diatribas á veces, de La Motte, Fontenelle y Perrault, contra los cuales, en favor de los antiguos, especialmente de Homero, hay que colocar á Huet el obispo de Avranches, Boileau, el P. Harduin, el abate Aubignac y Mad. Dacier, correspondiendo, más adelante, al sabio helenista Dougas Monthel [2] puesto, en esta prolongada polémica de antiguos y modernos, al lado de Fauriel [3] y frente á Guignaut [4] y Egger [5]

---

1 Laurent, que parece seguir á Otfrido Müller, á quien admira por su ciencia y sagacidad al determinar la patria de Homero, cita con elogio á W. Jones, sabio inglés, por su disertación sobre los dioses de Grecia, Italia y de la India, entre los cuales señala marcadísimas semejanzas. Compara los poemas indios con los de Homero y concluye afirmando que no hay mito alguno que no se encuentre en la mitología indiana tal como se describe en los himnos del poeta heleno: Ζεὺς πατήρ, Diespiter, Júpiter es nombre del más puro origen sánscrito.

E. Renan, en su *Histoire des langues sémitiques*, liv. I, cap. II, dice: «Parece averiguado hoy que las lenguas del Asia menor pertenecen á la familia de las lenguas indo-europeas: así sucede con el frigio y el lidio».

Abel Hovelacque: *La linguistique*, París: 1881, trae este pasaje: el italiano Philipo Sasetti fué el primero que en el siglo XVI estudió el sánscrito: dos siglos más tarde P. San Bartolomé publicó en Roma la primera gramática sánscrita. Entre el número de sabios ingleses que dedicaron estudios á este idioma merece citarse William Jones. Algo después, los franceses Cœrdoux y Barthélemy comunicaron á la Academia su convencimiento de que el sánscrito tenía estrecho parentesco con el griego y el latín. El griego, añade este autor, tiene afinidades íntimas con el frigio y el lidio y un grado de parentesco más directo que con el latín, con el sánscrito y el persa.

2 Prólogo á su traducción de las obras de Homero.

3 *Journal de l'Instruction publique*. 1835.

4 *Dictionnaire homérique*, par Mr. Theil.

5 *Mémoires de littérature ancienne*.

quienes se han distinguido entre el número crecidísimo de escritores que han inventado teorías y argumentos, más afanosos de novedad y resonancia que dotados de apreciable espíritu investigador y de crítica.

Aunque los estudios filológicos é históricos no habían alcanzado en la época en que se inició la animada polémica, ni algo después, el desarrollo y la precisión que hubieron de adquirir desde el último tercio del pasado siglo á los actuales días, no es posible dejar de reconocer que en el curso ya prolongado de ella, se han llegado á plantear cuestiones relativas á Homero cuya definitiva resolución no se ha logrado, á lo menos, de una manera decisiva. El estudio del estado general de la cultura en el mundo quita mucha fuerza á la teoría de que los defectos de composición que se señalan en los dos poemas griegos se deban á las alteraciones irremediables de la trasmisión oral. Otra cuestión importante ofrécese á nuestro examen antes de exponer las opiniones de sabios filólogos acerca de la forma, del estilo y aun del sentido de los poemas de Homero. Afecta esta cuestión íntimamente á la personalidad del poeta y de muy directo modo á la concepción de las obras que examinamos. Tan íntimamente respecto de Homero que por ella, y con argumentos de orden distinto á los ya expuestos, se niega la existencia del poeta. Y de modo tan directo á la Iliada y la Odisea que se sostiene que cada uno de estos poemas pertenecen á autores diversos.

Perrault en su libro *Parallèle des anciens et des modernes*, afirmó que Homero no era solamente el autor de la Iliada y la Odisea, y Boileau, [1] á quien por cierto no se le reconoce autoridad como helenista, combatió con grandes apasionamientos las ideas de Perrault. Hédelin, más conocido por el abate de Aubignac en su *Dissertation sur l'Iliade*, aseguró por su parte que Homero no había existido, que su nombre era sinónimo de cantor. Bentlhei

---

[1] *Œuvres complètes:* Senlis 1826. Réflexions critiques sur quelques passages du Longin défense d'Homère contra Ch. Perrault. Tome II, pág. 245 «Perrault dice que según el testimonio de Elio, que no es despreciable, opinaron los antiguos que Homero no había compuesto bajo un solo y único plan la Iliada y la Odisea sino que fué cantando diversos asuntos según á él acudia la inspiración. El primer canto fué y se intituló: *La cólera de Aquiles;* el segundo: *Descripción de las naves;* el tercero: *Combate de Paris y Menelao;* y así los demás. Asegura que Licurgo de Lacedemonia fué quien llevó de Jonia á Grecia estas partes distintas que arregló Pisístrato, produciendo entonces los dos poemas que en el día conocemos.» Pero Boileau copiando el párrafo de Elio en que se funda Perrault para afirmar que los poemas de Homero no eran más que cantos diversos con su título cada uno, se esfuerza en demostrar que no hay motivo para una afirmación tan rotunda. Elio, según él, escribió: «las poesías de Homero corrieron por toda la Grecia en cantos aislados y eran conocidos y recitados con ciertos títulos que los mismos cantores les daban». Boileau, op. cit. pág. 236.

apoyó los argumentos del abate de Aubignac. A principios del siglo XVIII el ilustre filósofo italiano Juan Bautista Vico sostuvo en su obra *Principi di una scienza nuova* que todas las ciudades de Grecia tenían razón en reclamar á Homero como ciudadano porque no fué un sér individual sino colectivo, un símbolo del pueblo griego que reconstruyó su historia propia consignada en cantos nacionales. [1] Esfuérzase en probar que Homero no fué filósofo, por más que en tal concepto le tuviera Platón. Para combatir la opinión sustentada por el autor de la República, quien dijo que Homero reflejaba la sabiduría de las edades civilizadas, opinión de Plutarco y también de casi todos los antiguos filósofos, arguye Vico, que no es posible que Homero, que quiere presentar los héroes de la Iliada dotados de las cualidades más perfectas, les atribuya costumbres groseras y feroces que acusan notable atraso en la cultura, entre ellas la de envenenar las flechas, arrojar piedras con hondas, dejar insepultos los cadáveres del enemigo para que fueran pasto de las aves carniceras y los perros, la de gustar demasiado del vino, reyes y héroes que se embriagan para consolarse de sus penas, como lo hace, particularmente, el sabio y prudente Ulises, quien además, siguiendo el ejemplo de sus compañeros asa y desgarra la carne y entrañas de las víctimas colocándolas en el fuego y comiéndolas con las manos. Considera el autor como señales evidentes de ignorancia ó por lo menos de grosería y rudeza el modo de significar el poder de la divinidad, cuyo prestigio consiste en su mayor fuerza ó resistencia, de tal suerte que para dar idea el poeta del poder de Júpiter dice que no lograrían conmover su trono todos los dioses juntos si á él atasen una cadena y colgándose luego de ella se esforzasen en moverla. Por otra parte los héroes y los dioses se tratan con una falta de consideración, de respeto y aun de lealtad que no puede admitirse que Homero conociese un grado de civilización muy apartado de la barbarie. Diomedes, por ejemplo, escudado por Minerva hiere á Venus y á Marte. En el combate de los dioses Minerva araña á Venus y lesiona á Marte arrojándole una piedra; Marte á su vez apoda de insecto vil á Minerva que en otra ocasión riñe á puñadas con la diosa Diana. Aquiles y Agamenón los más

---

1 *Œuvres choisies* de Vico. París 1835. El examen de esta obra es interesante, pues llega á sintetizar muchas de las cuestiones suscitadas acerca de Homero y sus obras antes de que la filología viniera á someterlas á minucioso análisis. Sus capítulos tratan, el primero: de la sabiduría filosófica atribuída á Homero; el segundo: de la patria de Homero; el tercero: del tiempo en que vivió; el cuarto: motivos por que no puede ser igualado en la poesía heroica; el quinto: observaciones filosóficas y filológicas, y el sexto, descubrimiento del Homero auténtico.

poderosos caudillos de las huestes griegas se apostrofan, se insultan, tratándose á menudo de perros. No seguiremos al ilustre Vico anotando los detalles que entresaca de la Iliada para apoyar su criterio respecto de Homero y de sus obras: sus deducciones nos parecen exageradas; basta á nuestro propósito indicarlas y oponerles, por vía de contestación cumplida, las que hace en sentido completamente contrario, esto es, de elogios repetidos, el historiador Laurent. [1]

---

No obstante la variedad y número de las cuestiones relativas á Homero, examinadas hasta ahora, pueden reducirse sin esfuerzo á dos grupos principales: las que estudian el autor y sus poemas desde un punto de vista puramente histórico y las que apelan á los juicios de la filosofía y aun de la sociología para sentar sus conclusiones. Poca importancia habría de concedérseles á las hipótesis establecidas si á esos solos aspectos se hubiera concretado el estudio y la observación, pero los trabajos filológicos recientes de autores notables y de gran peso, unos por el largo plazo de su vida dedicando al examen de las obras de Homero, de justa nombradía otros, por su indubitable competencia en las literaturas clásicas, llegan á tal desacuerdo en sus juicios definitivos respecto de ellas que el tiempo y los conocimientos adquiridos, tanto en historia como en arqueología y filología, si han contribuído á aclarar y aun disipar algunas dudas, han hecho nacer otras armadas de argumentos más sólidos y poderosos.

A fines del pasado siglo, en 1795, en la obra *Prolegomena ad Homerum*, su autor, Federico Augusto Wolf, uno de los más justamente afamados filólogos de Alemania, expuso su opinión sobre la forma primitiva de las poesías homéricas. Estudiándolas histórica, crítica y sobre todo, con grande autoridad nacida de sus profundos conocimientos, filológicamente, demostró que carecían de unidad en la forma, en el estilo y aun entresacó pasajes escritos en dialectos distintos, sentando la conclusión de que la Iliada y la Odisea deben ser consideradas como dos series de poemas diferentes. Wolf, que según afirma Schœll, [2] examinó con imparcialidad los argumentos de sus precedecesores en el estudio de los poemas griegos y no tuvo en cuenta las conclusiones de Vico, llega á coincidir con él en cuanto al resultado de sus apreciaciones, dirigiéndose por camino

---

1 *Etude sur l'histoire de l'humanité.* Bruxelles, 1861.
2 *Histoire de la littérature grecque profane.* Paris, 1866.

nuevo y distinto. Y debe notarse además la circunstancia de que no creyó que la escritura fuera desconocida en Grecia antes de Homero; afirma que se la empleó en las inscripciones, si bien, no para fijar sucesos vulgares de la vida, antes de las Olimpiadas. Tal vez se grabaron con más frecuencia letras en la piedra; pero, de todos modos, no pasarían muchos siglos hasta que se vencieran las dificultades para confiar á la escritura obras de algún volumen. En tiempos de Solón, sin embargo, hallábase tan atrasada la escritura que para publicar este legislador sus leyes tuvo que trazarlas en piedra y en la forma bustrófedon que pertenece á la infancia del arte. Así, pues, opina Wolf que aunque se conocía la escritura no se hallaba en estado de adelanto ó desarrollo suficiente para fijar los cantos homéricos.

El sabio profesor de la Universidad de Kœnisberg, Carlos Conrado Lachman, tan conocedor de la literatura alemana en sus primeras toscas manifestaciones como del griego clásico, estudiando las formas primitivas de la epopeya nacional los Niebelungen, halló analogías entre su concepción, forma y fragmentos con la epopeya helénica contribuyendo de esta suerte á robustecer los juicios de Wolf, tan aceptados, que han llegado á constituir una respetable escuela.

En nuestro examen de los movimientos que ha obtenido la opinión de los modernos respecto de Homero y sus obras la Iliada y la Odisea, hemos podido notar que en Italia culmina con Juan Bautista Vico que niega la existencia del poeta como ser individual y confía la ejecución de los poemas al genio nacional del pueblo griego; en Inglaterra Alejandro Pope traduce y admira á Homero sin discutir su personalidad, y en Francia, la contienda entre los enaltecedores de su genio y sus enemigos no puede juzgarse sino concediendo el triunfo á aquellos cuya admiración por el poeta rayó en la paradoja y frenesí. La cultísima y sabia Alemania con autores de innegable valer, Wolf y Lachman, ya citados, y que, aunque nacidos á fines del pasado siglo pertenecen más bien por su labor intelectual al presente, aplica un método nuevo con grande competencia, por la profundidad, al estudio de los poemas homéricos. Crítica minuciosa, serena, fría, análisis detenido y pacientísimo, examen árido y penoso pero de resultados menos expuestos á la vaguedad y á la hipótesis que los fundados en los escasos conocimientos históricos obtenidos anteriormente, en los testimonios contradictorios de escritores de la antigüedad, en la filosofía y en la aplicación severa de las reglas de la retórica.   De este análisis detallado hecho por filólogos de merecida reputación salieron los poemas homéricos, especialmente la Iliada dividida en fragmentos, con su unidad rota, como obra que no debe ser atribuída á un genio solo.

Y en Francia, donde también se continuaba cultivando con amor y esmero los estudios clásicos, donde aún resonaban los últimos vítores de los admiradores de Homero, se opera una notable reacción iniciada por Dougas Montbel.   Este autor, en quien fuerza es reconocer una autoridad en el griego clásico, después de traducir la Iliada y la Odisea con admirable fidelidad, haciendo conocer, en lo posible, toda la majestad severa y sublime sencillez del original, duda de la existencia de Homero.

En España, donde el cultivo de la lingüística ha producido obras de mérito innegable, no hallaremos documentos que pudieran contribuir á determinar una tendencia clara y determinada acerca de cuestión tan debatida por la crítica.   Como traductores de la Iliada cita Gómez Hermosilla á Cristóbal de Mesa, aunque dudando acerca de la existencia de tal traducción; y también, á García Malo, con tanta justicia censurado; por su parte, Gómez Hermosilla, toca de modo muy superficial y ligero las debatidas cuestiones acerca de Homero y sus poemas.

Ha dado la última opinión en esta ya secular polémica, imprimiéndole con el sello de su indiscutible autoridad un aspecto bien determinado, el sabio arqueólogo y filólogo Otfrido Müller.   De grande peso es la opinión del erudito Müller que recorrió mucha parte del campo de sus investigaciones prácticas al lado de Curtius y de Schœll.   Obra de estudio provechosísimo es su *Historia de la literatura griega* [1] donde la trasparencia no interrumpida de la exposición, la elegancia y armonías de sus partes y sobre todo la síntesis admirable que ha hecho, despojando de todo inútil atavío las principales cuestiones, no impiden un solo momento que se muestre la erudición verdaderamente abrumadora que contiene cada una de sus páginas.   Pero la novedad y el asombro del momento no deben ser parte á echar en olvido trabajos anteriores de grande mérito. Müller afirma de una manera categórica la unidad de la Iliada y se esmera en probar la existencia de la persona de Homero; pero al

---

1 *Geschichte der griechischen Literatur bis auf das Zeitalter, Alexanders,* vol. I et II publiée par Ed. Müller, Breslau 1841.  La obra de Müller quedó incompleta, fué continuada, bajo su plan, por Donalson; pero los trabajos contenidos en los 36 cap. de O. Müller, sobre el de Homero contiene datos y apreciaciones que han influido en la opinión universal.

tratar de la Odisea asienta una teoría arriesgada, ya que no nueva.
Wolf y Lachman niegan indirectamente la existencia de la persona
de Homero al señalar los distintos fragmentos de sus poemas; y
Dougas Montbel, luego que termina, con toda conciencia su examen
y versión de ambos poemas, duda de la existencia de Homero. Dougas Montbel y Lachmam son sin duda helenistas de grande nombradía y filólogos de reconocido mérito. Y, respecto de Federico
Augusto Wolf, no creemos aventurado afirmar que rivaliza en profundidad de conocimientos filológicos y de historia literaria con
Otfrido Müller. Si éste, en su culto sincero á la verdad científica,
recorrió la Grecia viendo con sus propios ojos, tomando en sus propias manos los magníficos fragmentos destrozados y esparcidos sin
piedad por todas partes en aquel histórico suelo, y contrajo, víctima
de su amor á la ciencia, bajo los rayos del sol irresistibles y ante la
misteriosa Delfos la enfermedad que le postró y le hizo morir en
Atenas, informándose hasta en sus horas de agonía de los usos,
costumbres y tradiciones de aquel interesante pueblo, Wolf, como
Müller también recorrió las ciudades de la Grecia, conoció sus usos
y sus costumbres, consagró los años de su vida al estudio profundo
de su lengua, y, como afirma uno de los críticos que le han dedicado
completo estudio, [1] si llegó á tal grado su práctica del griego que
conocía por el acento los extranjeros que le hablaban, bien pudo en
ejercicio tan perfecto y delicado percibir las notas falsas que hay
en las poesías de Homero.

Si á la par que con esto recordamos los juicios que acerca del
conjunto de los dos poemas griegos han emitido los que con más
asiduidad y fruto para la literatura le han estudiado en diversas
épocas, poderosa excusa hallaremos al afirmar que aún se ciernen
muy graves dudas sobre la unidad primitiva de la Iliada y la Odisea y respecto de la labor legítima que en ambos corresponde á la
tradicional y venerable personalidad de Homero. Pope, al cabo de
sus largos años de estudio sobre las obras del épico griego, compara
la Iliada con un jardín inculto donde se hallan gran número de
bellezas de todo género pero que no pueden apreciarse por su confusión si no se ordenan. Aclarando aún más el concepto que le
merece el conjunto del poema compáralo también con un árbol vigoroso y bello, pero salvaje, cuyas ramas más salientes y principa

___
1 M. Galusky, *Revue de Deux Mondes, 1848.* Puede citarse otro trabajo notable sobre Federico Augusto Wolf que compite en extensión y copia de importantes datos con el anterior: el
artículo intitulado *Homero* en la *Biographie* de M. Didot.

les necesitan de la poda para poder imprimirle forma más regular y simétrica. A su vez Madame Dacier, que combate rudamente á Pope por estas declaraciones clamando que no la han hecho tan graves ni injuriosas los enemigos del poeta, incurre en deplorable desatino al considerar la Iliada y la Odisea como meros discursos cuya moral ó tendencia docente es, en el primer poema, exponer los daños que las discordias entre jefes ocasiona á los pueblos y legiones; y en el segundo, los perjuicios irreparables que acarrea el alejamiento de los principales del país que deben gobernar. ¡Haberse pasado por la vida sobre Homero, exclama un crítico insigne; [1] haberle traducido con tanto amor, y en general con bastante exactitud, aunque dándole un colorido falso y moderno y venir, á los sesenta y tres años, á sacar por fruto tales consecuencias!

Nada digamos de opiniones como las de la Motte que sin ser helenista de mérito reconocido osó vanagloriarse de haber hecho correcciones en la Iliada, ó de Boileau quien indicó que este poema debiera ser clasificado entre las tragicomedias ó la de tantos otros que quizá pretendieron fijar conceptos más ingeniosos ó nuevos que detenidos y profundos; pero sí, examinemos las hipótesis, á que hemos hecho ya alusión anteriormente, emitidas por una autoridad aceptada por la opinión universal como competentísima, y á quien hemos rendido ya justo tributo de admiración.

Otfrido Müller [2] con cita de los testimonios auténticos consignados por Wolf en sus Prolegómenos afirma que la Iliada y la Odisea estuvieron algún tiempo esparcidas en fragmentos y reclama para el organizador de los certámenes de rapsodas, bien fuera éste Pisístrato ó Solón, el derecho que tienen á nuestra gratitud por haber devuelto, á aquellas dos fraccionadas obras maestras, sus formas primeras. Esto en lo que toca al conjunto de ambos poemas. Por lo que hace referencia á cada uno en particular, no cree posible que sean por su extensión, fruto exclusivo de un solo genio; para labor tan gigantesca arguye que es corto el espacio de una vida humana y no se le ofrece reparo al conceder que Homero, después de haber empleado los días de su juventud y edad madura en desarrollar el magnífico plan de su inmortal poema, comunica á un discípulo suyo, iniciado desde mucho antes en el concebido plan de la Odisea, la delicada empresa de su ejecución.

1 Menéndez Pelayo. *Historia de las ideas estéticas en España*, tomo III, pág. 41.
2 *Histoire de la littérature grecque*. París 1965. pág. 123-125.

Dos objeciones están obligadas á llevar consigo cada una de las dos hipótesis que asienta, después de su erudito y admirable síntesis, el autor que, últimamente, repetimos, ha tratado con más competencia las cuestiones relativas á Homero y sus poemas. ¿Puede asegurarse que Pisístrato ó Solón, no obstante el tiempo transcurrido, siglos quizá, en que permanecieron en fragmentos la Iliada y la Odisea, lograran reducirlos á su forma primitiva? La dificultad que á empresa tan loable oponían el tiempo y la memoria frágil de los recitadores se acrecienta al recordar que el mismo Müller opina que estos fragmentos no se hallaban aún escritos. ¿Es posible, por otra parte, que Homero infundiese en un discípulo suyo inspiración bastante para que una obra no concebida por éste, con un plan trazado de antemano, es decir, impuesto, llegase á la altura donde se ciernen las más admirables producciones de la mente humana? Las obras del genio son producto espontáneo y libre, y en la epopeya primitiva es más frecuente que se manifieste de modo colectivo que individual. En el Romancero del Cid, en los cantos gaélicos del bardo Ossian, en el Mahabarata y el Ramayana, en los Niebelungen, no es posible dejar de percibir cierta unidad que les imprime la índole del genio nacional que los produjo manifestados en sus ideas primeras, esto es, en las más originales. El pueblo griego fué, ante todo, esencialmente artístico: no sólo en poesía, sino en arquitectura y escultura, ha dejado concepciones sublimes, modelos no igualados y que en conjunto forman manifestaciones de un orden perfectamente determinado, producto legítimo de varios genios distintos, á quienes realzan por igual el gusto, primor, la exquisita ejecución, favorecidas por las influencias del medio en que fueron concebidas, el más propio y eficaz para el desarrollo completo de toda actitud y actividad en la esfera del arte. Los modelos griegos, por excelencia clásicos, son estudiados con pasión en el mundo culto; generación tras generación se trasmite la tarea de imitarlos, de producir al calor de sus reglas y de la emoción pura y noble que en el ánimo despiertan; y rara vez se logra tal intento con recomendable perfección; y acaso nunca se logra superarlos. Hay en las creaciones del artista griego algo de dificilísima si no imposible imitación, algo que parece no haber pasado á ser patrimonio de la humanidad y aunque es propio y peculiar del genio de aquel pueblo, no se muestra raro, sino por el contrario, fecundo y vario en él. Con los destrozados restos de las obras de arte, esparcidos al azar por el suelo poético de Grecia, se han llenado las salas de nuestros mejores museos y en el más humilde fragmento hay rasgos de habilidad suprema que admirar.

Terminada esta breve exposición de los distintos juicios que la historia, la crítica literaria y aun la ciencia filológica, han dedicado, en diversas épocas, á la Iliada y á la Odisea, y por necesidad, á su autor, el divino Homero, fruto humilde de nuestros estudios hasta el momento actual, cumple á nuestra sinceridad hacer una manifestación. En el comienzo de nuestras investigaciones acerca de los dos hermosos poemas griegos, no para buscar y disponer los materiales del trabajo presente, sino para ilustración elemental en la literatura clásica, abrigábamos la creencia firme de que ambos poemas eran debidos al genio de Homero y éste una personalidad concreta, bien determinada, fuera de discusión y de la más leve duda. Todo contribuía con apariencias externas que herían vivamente la imaginación, dejando profundas é imborrables huellas en el espíritu á fortalecer esta creencia, desde las retóricas elementales y ediciones lujosísimas en que encerraban los dos poemas, aun los mismos mantenedores de la opinión de que ambos pertenecían á autor distinto, hasta el busto de Homero, símbolo venerable del poeta, cuyo rostro de líneas severas, aunque á veces ásperas y rudas, han contribuído á vulgarizar, lo mismo la escultura colocándole en los capitales de cada biblioteca, que los diseños en que ensayan sus actitudes los alumnos de las escuelas de dibujo. Era Homero, el autor de la Iliada y la Odisea, el que por todas partes veíamos: su imagen inmortalizada por el cincel de escultor clásico ha llegado á sernos tan conocida como la de cualquier familiar. Sin embargo, en la actitud serena, fría, de aquel rostro, en sus ojos que las reglas del arte dejaron sin expresión, parecía encerrarse toda la misteriosa incertidumbre de la esfinge.

A medida que la investigación paciente ha ido ahondando un poco más acerca de Homero y sus poemas haciendo surgir á cada paso no resueltas dudas, aquella creencia primera se ha ido amortiguando no sin ese sentimiento, fuerza es confesarlo, que en el alma deja una ilusión querida y acariciada al disiparse. Con examen del estado actual de la opinión no puede afirmarse de una manera categórica que la unidad que hoy presentan la Iliada y la Odisea, tan problemática ante el análisis de Wolf y sus discípulos, sean debidas á un autor único. La historia literaria acepta como hecho que ambos poemas fueron refundidos y aun coleccionados por Solón y Pisístrato, que por esta sola tarea ya demostraron ser talentos nada vulgares, pues al oir recitar del mismo modo que la Grecia de su época aquellos fragmentos conocieron su mérito. Y no lo recogieron por sus manos, que encomendaron este trabajo glorioso á otras más hábiles é idóneas. [1] Los retóricos alejandrinos también contribuyeron á corregir y depurar los poemas de Homero, modificando su forma antigua, especialmente Aristófanes de Bizancio, Zenodoto y Aristarco. Pasajes de la Iliada hay citados por Aristóteles y Platón tomados de algunos de los escasos ejemplares auténticos que circulaban en Grecia que no se hallan en las ediciones modernas. Cosa fuera de duda es, además, que la división de los poemas en veinticuatro cantos es obra de los retóricos de Alejandría.

La opinión de algunos de los autores de más nota que hemos citado se manifiesta con mayor fijeza al considerar ambos poemas como obras de distintas épocas. Por nuestra parte, teniendo conciencia de la escasez y debilidad de nuestras fuerzas no nos hubiéramos atrevido á sentar estas conclusiones, si, al hacerlo así, no hubiésemos hallado el apoyo de una autoridad de valer incuestionable, aparte de otros méritos, por sus conocimientos literarios y perseverante labor en los estudios clásicos. Nos referimos al crítico insigne D. Marcelino Menéndez Pelayo. Si por acaso no pudiera decirse que asienta de modo preciso que Homero no es autor único de la Iliada y la Odisea, en muchos pasajes de sus obras [2] hallá-

1 El órfico Onomácrito estuvo encargado en la época de los Pisistrátides de recoger los poemas de Homero: O. Müller. *Histoire de la littérature grecque.* Paris 1866, t. I, pág. 119. También se citan á Orfeo de Crotona, Zopiro, y tal vez Híparco, hijo de Pisistrato *Homère par Guignaut» Dicc. d'Homère et des homerides* par N. Theil. Paris 1841.
Antes de Aristarco que floreció en Alejandría hacia la mitad del siglo III antes de J. C. conocíanse ya un gran número de copias ó ediciones de los poemas de Homero. Las más célebres eran las de Chios, Argo, Creta, Chipre, Marsella y la que Aristóteles hizo para Alejandro. *Etudes sur la littérature.* Artaud. Paris 1863, pág. 66.
2 Citaremos los principales: «Presentaron *Homero ó los poetas homéricos* sin auxilio de teorías y como por intuición semidivina el dechado más perfecto y ejemplar de arte que han podido contemplar entendimientos humanos......» «La tradición literaria y el buen gusto individual bastaron á guiar á los críticos ó *diaskevastas,* que en la era de los Pisistrátidas ordenaron en un haz las *rapsodias homéricas* y fijaron su texto.» *Historia de las ideas estéticas en España.* Madrid 1883, t. I, págs. 4 y 5.
Al hablar de la opinión de Longino, haciendo notar de paso que éste tenía la Iliada y la Odisea por *obras de una misma mano,* pero comparando al poeta de la Odisea con el sol en su ocaso, pues aseguraba que la Iliada fué escrita por Homero en su juventud y la Odisea en su vejez, consigna Menéndez Pelayo estas palabras: «así, no acierta Longino en atribuir á la vejez de un poeta lo *que es consecuencia de un estado social distinto* de aquel en que fué posible la primitiva epopeya homérica.» Op. cit., tom. id., pág. 95.
Al señalar los defectos de la crítica de Perrault cambia de tono para hacer constar « que éste, por otra parte, dió singular muestra de adivinación histórica negando la personalidad de Homero y considerando las dos epopeyas homéricas como un conjunto de rapsodias: opinión idéntica hasta en su temeridad á la de la escuela wolfiana reducida hoy á más razonables términos y anunciada también por Vico (1715) que consideraba á Homero como una idea ó un carácter heroico más bien que como persona real.» Op. cit., tom. III, Madrid 1886, página 177.

banse afirmaciones ó ideas que proporcionan al lector argumentos
poderosos para asegurar que el crítico se halla inclinado á la creen-
cia de que la Iliada y la Odisea, tienen en su conjunto más de obra
colectiva que individuales.   De lo que no puede quedar duda es de
que las atribuye á dos autores distintos. [1]

---

Conocido lo que la historia y la crítica han investigado acerca
de la formación de ambos poemas, debemos estudiarlos, siquiera
brevemente, para apreciar su grandiosidad y su belleza, su conjun-
to y sus detalles primorosos como se examina algún templo marmó-
reo obra secular en que pusieron sus manos distintas generaciones
de artistas obedientes á un plan, inspirados por una misma fe reli-
giosa, conmovidos por los mismos nobles sentimientos.   El Parte-
nón, rodeado de suntuosos y célebres edificios, fué construído de
tal suerte que los trozos de mármol de sus muros, de sus escalina-
tas, de su pórtico y sus frisos aparecían tan bien unidos y ligados
que todo él semejaba una sola y colosal pieza transportada del Pen-
télico.   Aquel templo siempre soberbio y majestuoso, aun en sus
ruinas, parecía erigido á tanta altura para recibir los primeros ra-
yos del naciente y poético sol de Grecia y despedir, en el ocaso, los
resplandores últimos.   Algo análogo ofrecen á la contemplación, en
otra esfera del arte, la Iliada y la Odisea: ellas recogieron las pri-
meras y más originales manifestaciones de la poesía griega, la en-
cerraron en admirable forma y sus acentos y sus destellos vívidos
llenaron de armonía y de luz toda la poesía griega.

Las líneas dedicadas á Gómez Hermosilla son importantísimas; en la imposibilidad de tras-
ladarlas íntegras señalaremos las ideas principales: «Desgraciadamente, Hermosilla, á pesar de-
mucho griego que sabía y de los muchos aciertos que hay en su traducción, se fué al otro mundo,
no sólo creyendo en la existencia personal de Homero, sino creyendo con entera buena fe que
Homero había sido un poeta culto y de escuela, ni más ni menos que Virgilio ó el Tasso y de
ninguna manera un cantor popular. Afirmaba, por de contado, la absoluta *unidad* de compo-
sición en los dos poemas y no dudaba ni un instante que se hubiesen trasmitido á nuestros días
tales como los *escribió* el autor...... y que Homero había tenido por *catedrático* á un tal Femio,»
Op. cit. tom. III pág. 305.
En su discurso del doctorado, el crítico, para fijar el carácter de la epopeya divídela en
primitiva y literaria: subdividiendo la primera en completa y fragmentaria y coloca entre las
primitivas á la epopeya griega.   En nota al pie de esta página se lee: «Según la teoría wolfiana,
que todavía siguen muchos eruditos, toda epopeya es fragmentaria en cuanto se formó de
cantos separados.   En la parte relativa á los poemas homéricos esta doctrina ha sido modificada
considerablemente por los semiwolfianos.   En cuanto á las demás epopeyas hay quien sostiene
que los cantos narrativos sueltos son fragmentos de grandes poemas anteriores.» Tesis doctoral.
Santander, 1875, págs. 8 y 64.
1 En el citado discurso cuya interesante [tesis magistralmente desarrollada es *La novela
entre los latinos*, llama á la Odisea «la obra del segundo Homero». Los pasajes transcritos en
la nota precedente parecen concedernos autorización para decir que lejos de haberse debilitado
se ha fortalecido la creencia del erudito criterio en el mismo sentido.

Por eso habremos de examinar ambos poemas sólo como obras artísticas, cuya influencia no se ha extinguido enteramente en la literatura universal, sino que serán constante modelo por la rica variedad que ofrecen en medio de su incorrecta exposición, por la originalidad, frescura de sus comparaciones, por la elegancia de sus imágenes, depuradoras eficaces del gusto, por la habilidad con que están caracterizados los personajes y más que todo por aquella poderosa y creadora fuerza que llena el vasto escenario en que se desarrolla el poema, el cielo, la tierra, el mar y los abismos, de seres gigantescos y monstruosos unos, bellos, graciosos y perfectos otros y dotados todos de tal vida, de tal colorido, de tal verdad, que hieren nuestros sentidos tan fuertemente como si fueran hechos y objetos al alcance de nuestra observación actual.

Cualesquiera que fueren las definitivas decisiones de la crítica filológica é histórica acerca de la estructura de la Iliada y la Odisea, no es posible desconocer que han brotado á los impulsos de genial concepción, que salvo pasajes y aun libros que se señalan y determinan, ambos poemas, en lo general, no pierden su nota majestuosa, sencilla, grandilocuente y sublime. Esos pasajes y esos libros que huelgan, que entorpecen la acción ó producen en ella monotonía y languidez, suelen contener no obstante, considerados aisladamente, bellezas literarias y datos que contribuyen al más acabado conocimiento del medio en que hubieron de desarrollarse ambas producciones; así, interesan por igual, embargan del mismo modo la atención, no son parte integrante de ellas, sin duda alguna, pero no deben desecharse. Preferible es admirar estas epopeyas tal y como debieron de ser dejadas en la última corrección de que da cuenta la historia [1] al despojo que en ambas producciones pretenden hacer póstumos arregladores.

Nótase, lo mismo en la Iliada que en la Odisea, una acción principal que contribuye á revestirlas de cierta unidad. En la Iliada, desde el primer verso en que el poeta pide inspiración á su musa para cantar la venganza de Aquiles, de tanta trascendencia en la tenaz contienda empeñada ante los muros de Troya, ya anuncia su propósito. Esto constituye el asunto principal del poema desarrollado luego en gradación que obedece á un plan: la violenta resolución del protagonista, en su origen, en sus afectos y en su término, son los puntos culminantes de la obra. Este asunto que da al poeta ocasión de presentar la figura de su héroe predilecto con aquellas

1　La de los gramáticos alejandrinos.

cualidades de energía, fuerza, amor apasionadísimo hacia la mujer, hacia la esclava y de amistad consecuente hacia sus compañeros, las más excelentes sin duda en aquella época remota, llena los principales episodios de la obra, los liga estrechamente: en torno de él se hallan acumuladas riquezas poéticas, pasajes de estructura perfecta, rasgos de una imaginación vasta y no igualada, sensible á todas las más nobles y enérgicas emociones del espíritu de suerte que al par de las hazañas del heroísmo y de la fuerza conmueven las demostraciones de la ternura y del dolor.

Con la querella entre Agamenón y Aquiles en el primer canto, por la cautiva Briseida, despiértase ya la atención. A la disputa de los dos caudillos del ejército que en medio de sus amenazas y groseros insultos se reconocen con lealtad sus sobresalientes cualidades, informándonos por manera tan hábil de la importancia de su carácter, asisten atentos los demás jefes de las huestes, respetados por su valor, su experiencia, su astucia y su fuerza: los dioses también observan atentos desde el alto Olimpo; pero la pasión exaltada es la que resuelve de modo brusco; y aquel incidente, bastante vulgar conviértese en elemento de vivísimo interés. Si aquel ejército, que tras largo y continuo batallar de diez años con el apoyo que en su justo despecho le niega su héroe más fuerte é invulnerable, poco ha logrado, será más difícil en lo adelante rendir la fuerte ciudad de Troya ni vengar el agravio inferido á uno de sus príncipes, Menelao, en la persona de su esposa Helena [1] objeto de empresa tan memorable y tenaz.

Alentados los troyanos por la resolución que con olvido de más altos intereses hace Aquiles, apréstanse con nuevos bríos al combate. Héctor, su caudillo más valeroso, avanza peleando hasta tocar las naves de los griegos, [2] que invitados por su rey Agamenón, se reúnen y le aconsejan calme con presentes valiosos la irritación de Aquiles, [3] pero él se niega y con la negativa del héroe acrece más y más el interés de la acción. Casi vencido el ejército griego por los troyanos, tendrá que seguir combatiendo solo, aun sin apoyo de Aquiles, del adalid de voluntad irreductible.

La manera como se prepara el nuevo y decisivo combate animado el ejército por el anciano Néstor [4] es de una verdad asombrosa y parece, además, un recurso habilísimo, como la viva pintura del

1 Iliada: canto I.
2 Iliada: canto VIII.
3 Iliada: canto IX.
4 Iliada: canto X.

asalto de la muralla griega, como el combate donde son heridos los más diestros y útiles jefes, Diomedes, Agamenón, Ulises, Eurípilo, Podalirio y Macahonte, como la lucha al pie de las naves y el incendio de éstas, para acentuar la influencia poderosa de Aquiles que impasible asiste á la derrota de la hueste á que pertenece, desde la proa de su nave colocada la última. También se va enalteciendo la figura de Héctor al enumerar los estragos que causa su destreza y su valor en el ejército griego.

Patroclo, el amigo más estimado de Aquiles, cubierto con las armas de éste, y por su mandato, sale á combatir para perecer á poco al filo de la espada de Héctor que, por legítimo botín de guerra, le despoja de la armadura del héroe griego y orgulloso se viste con ella. En tanto, alrededor del cadáver de Patroclo, el amigo infortunado, se traba lucha obstinadísima. Hacia este lugar culmina la acción del poema: [1] decídese Aquiles á entrar en la pelea para vengar á Patroclo dando muerte á Héctor. Los episodios contenidos en los dos últimos cantos, [2] los funerales de Patroclo y los ruegos del rey Príamo se leen con el interés y agrado que otros muchos del poema, pero hay que convenir en que ni quitan ni añaden nada al desarrollo de la acción capital. [3]

No obstante, este poema presenta un conjunto armónico: en todo él hay una misma claridad, una misma majestuosa sencillez, porque todo es natural, humano. [4] Los mismos dioses del Olimpo, elemento maravilloso del poema, toman sin violencia alguna la figura humana. Se mueven y combaten con más poder y fortaleza; pero todas sus pasiones son reflejos de las del hombre, cuyo prototipo es el héroe, el más enérgico, el más fuerte, el más resuelto y violento, cualidades que hace resaltar el poeta en su protagonista

1 Ilíada: cantos XVII, XVIII.

2 Ilíada, cantos XXIII, XXIV.

3 Hegel, que se inclina á creer que la Ilíada y la Odisea obedecen en su desarrollo á las reglas de toda epopeya primitiva, si bien con partes tan admirablemente perfectas que presentan un conjunto lleno de elegancia y de armonía, opina que los funerales de Héctor y las súplicas del rey Príamo contribuyen al desenlace lógico del poema que termina así altamente satisfactorio. *Esthétique*, Paris: 1875.

Mas estos dos pasajes, repetimos, como el asalto de las murallas levantadas por los griegos con rapidez inverosímil, la prosapia de los caudillos y números de naves que trajeron (cantos XII, XIII XIV, XV), aunque llenas de acciones brillantes, de pasajes admirables, contribuyen, como también los cantos II al VII, á intercalar episodios que prolongan y hacen languidecer la acción, teniendo poco ó nada que ver con el asunto á que dió preferencia el poeta, los efectos desastrosos que en el ejército griego ocasionó la venganza de Aquiles. En el canto XI Aquiles llama á Patroclo para que combata y hasta el canto XVI no se ve salir á Patroclo de su tienda para tomar parte en la batalla.

4 H. Taine. *Philosophie de l'art en Grece*. Paris 1869, pág. 61.

Aquiles. Si algún simbolismo hay en este poema, si es en parte mitológico, su principal y más caracterizado elemento es el heroico: los demás se subordinan á él. Con más vaguedad están trazadas las figuras de los dioses y sus atributos que las de los héroes y sus cualidades: el efecto que el Olimpo hace en el poema es como si estuviera desvanecido por las doradas irradiaciones esparcidas por el carro de la Aurora en la bóveda del cielo. La atención se fija, atraída poderosamente hacia la extensa y árida llanura de Troya, en el campo vasto que entre el Simois y el Janto se dilata, donde de un lado se yerguen los altivos muros de la soberbia y heroica Ilión y de otro la provisional muralla que defiende los navíos, de proas doradas y de color vario, colocados en la ribera sinuosa de la playa que bordea el mar sereno, tranquilo y azul, lugar en donde se desarrolla toda la acción. Si Júpiter sacude los haces de sus rayos extremeciendo los cimientos de la tierra; si Apolo lanza sus mortíferas saetas; si la Aurora esparce su claridad rosada; si Iris, la alada mensajera de los dioses, rasga el cristal purísimo de aquel cielo adornado de blancas nubes, dejando marcado en ellas las tintas delicadísimas de sus inimitables colores, es para influir, ya favorable, ya desfavorablemente, según los designios irrevocables del Destino; es por algo que ocurre en la llanura. No se sabe á punto fijo el número de los combatientes ni el de las naves, pero se halla todo lo que á los héroes se refiere descrito con una precisión de líneas, con una propiedad y con maestría tal, que el más indiferente á las bellezas ó interés de la narración, el más refractario á los secretos y encantos de la poesía, distingue perfectamente el carácter y aun la figura de cada caudillo y asiste al desenvolvimiento de los sucesos que en aquella llanura se realizan.

Cuando cada héroe se levanta á hablar y discurrir deja trazada con huellas indelebles su carácter y fisonomía y aun las de sus compañeros y rivales en el combate. A las figuras de Aquiles y Agamenón, tan imponentes y hermosas en el canto primero, siguen las de Ulises, Ayax, Diomedes, Eneas, Calcas, Tersites, Héctor, Paris, Menelao, Andrómaca, Príamo y tantas otras, bastando á veces al autor sublime de este poema, dos trazos magistrales para dar forma y vida á un personaje. La manera habilísima como nos da á conocer la belleza de Helena presentándola acaso cuatro veces durante la narración, sin determinar en ninguna un solo rasgo de su persona [1], sino por medio de la expectación que causa ante los mismos

---

1  Ilíada: canto III.

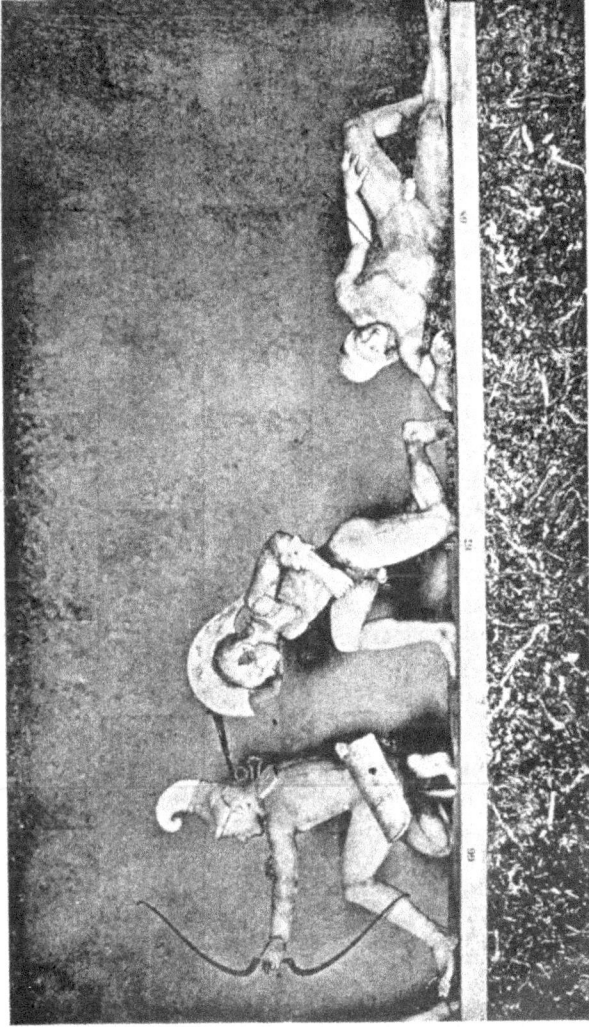

PARIS, ENEAS, TROYANO HERIDO

más lejos; los dioses no descienden con tanta frecuencia ni con tanto peligro de su dignidad á mezclarse personalmente en las contiendas de los hombres; el campo de acción queda más despejado y libre para el Destino que conduce por sus inexorables fallos los pasos de los hombres.  No quiere decir esto que la religión y la mitología de la Iliada y la Odisea sean distintas como se han empeñado en sostener algunos, cosa imposible en religión que tuvo por caracteres dominantes el antropomorfismo y la fatalidad y que se nutrió siempre en la fuente de creencias primitivas, muy rica en verdad, pero bien determinadas; sino, que hay un grado de diferencia casi imperceptible acaso, que se marca y resalta con la impresión que en el ánimo deja el examen atento y escrupuloso de ambos poemas.

La acción de la Iliada es más reducida, más sencilla, más vigorosa, más llena de rápido movimiento y de vida, es el cuadro de la guerra cuyos combates y peripecias excitan las disputas, despiertan animosidades, levantan pasiones violentísimas en el Olimpo cuya ocupación constante, obligada, durante el día y la noche no es otra que tener fija la mirada en el lugar del combate y el brazo presto á acudir en auxilio de la hueste ó del héroe protegido.  La crueldad y rudeza de las costumbres de los hombres contribuye á que las creencias se manifiesten más toscas y más rudas.  Ciertamente que hay en la Odisea alguna escena como la de Vulcano ofendido por Venus, su esposa, y Marte que en su ridícula queja no obtiene otra cosa que la risa del Olimpo [1] digna de parangonarse con las riñas de Minerva y Diana, con las de Marte y Minerva [2] con la grotesca caída de Vulcano cogido del talón por Júpiter y arrojado del Olimpo [3] y otros pasajes; pero esto es la excepción; en la Odisea no desempeñan los dioses tan vulgares papeles [4].  Minerva bajo la

1 Odisea: canto VIII.
2 Iliada: canto v.
3 Iliada: canto I.

4 Sobre todo los que hacen en el canto v de la Iliada, que dicho sea de paso en nada se relaciona con el asunto principal del poema.  En este canto la figura del héroe está sobrepuesta á la del dios que á las veces se convierte en auxiliar impotente suyo revelándose de este modo el estado embrionario é infantil de aquella religión.  Minerva dice paladinamente que los dioses pelean entre las huestes de los mortales y aconseja á Diomedes que no hiera á ninguno más que á Venus.  El rival de Diomedes, Pándaro, no duda que á su lado combate asistiéndole algún dios.  El padre Jove da caballos en pago del hermoso Ganimedes; y Anquises, por una estratagema, obtiene potros de casta divina.  Minerva dirige la lanza de Diomedes que hiere mortalmente á Pándaro.  Venus, por salvar á su hijo Eneas, le cubre con su manto y le sostiene en sus brazos, pero le hiere Diomedes que no olvida la recomendación de Minerva: corre hasta el suelo la sangre blanquecina y pura de la Diosa que en su despecho asegura que el atrevido guerrero combatiría con el mismísimo padre Jove.  Dione determina las veces que los mortales han sido

figura de Mentor acompaña á Ulises y aconseja á Telémaco, pero constantemente se presenta con la majestad de una Diosa y habla con la cordura, sabiduría y prudencia que como á divinidad le cumple.    Poseidón es hostil á Ulises; pero esta hostilidad se manifiesta más con las cualidades de un poderoso elemento que con las de un dios que combate adoptando la forma y facultades humanas.

Si en la Iliada es frecuente hallar rasgos é ideas de ferocidad, costumbres y prácticas rudas y groseras, una vida y unos sentimientos más acomodados á la condición de pueblos apenas organizados y constituídos en perpetua lucha con razas y naciones vecinas y unas divinidades siempre atentas y propicias á las acciones humanas, más frecuente aún es hallar en la Odisea que á las artes y exigencias de la guerra han sustituído las artes y comodidades de la paz.   Si antes, las más valiosas dotes que debían ornar á los hombres eran la violencia del carácter, la celeridad irreflexiva de la acción, la fuerza, el heroísmo, el desprecio inmenso de la muerte en el combate y el apego á la vida por ser ésta medio de satisfacción de todos los instintos y pasiones, en la Odisea son cualidades más relevantes la prudencia, la sabiduría, la habilidad, la astucia y la riqueza.   Las ninfas, las sirenas, las parcas, las arpías, las górgonas, los centauros y los cíclopes son otras tantas manifestaciones nuevas de la fantasía, son seres más poderosos que el hombre aunque no tanto como los antiguos dioses, pero más monstruosos unos, más verdaderamente humanos otros.

En el fondo de este segundo poema, lo repetimos, se revela un estado social distinto, un grado superior de cultura; y su forma más complicada, más armónica y rica que la Iliada determina un adelanto en la epopeya. [1]   Como hemos hecho notar, en cuanto

heridos por los hombres: Marte es sujeto trece meses con cadenas de bronce por los hijos de Aloeo, Oto y Efialtes. Juno es herida en el pecho por el hijo de Anfitrión. Hércules clava una saeta, en el hombro, á Plutón.   Minerva se burla, ante Júpiter, de Venus al verla herida en una mano. Marte, tomando la figura de un adalid tracio, Acamante, pelea entre los troyanos al lado de Héctor: Diomedes reconoce al dios. Bellísima es la escena de este canto en que Minerva y Juno cubiertas de armaduras resplandecientes salen del Olimpo cuyas puertas se abren por sí solas, para dar paso al carro en que marchan al combate de la llanura de Troya las belicosas deidades.   Minerva pregunta á Júpiter si se enojará porque saque del combate herido á Marte, que causa estragos en la hueste de los griegos, y Júpiter lo permite.   Marte es herido por Minerva y al tornar al Olimpo, para quejarse á Júpiter, échale en cara á éste haber engendrado la petulante Minerva. Júpiter irritado contra Marte ofende en su despecho á su esposa Juno calificándola de insufrible, de pertinaz y lamentándose de que apenas puede sujetarla.

1 Según Schœll, op. cit. tomo I, pág. 26, en 51 días se desarrolla toda la acción de la Iliada: y la de la Odisea en 40: en ambas el poeta ha hallado modo de adornarlas con episodios interesantes.

á la religión, anteriormente, podemos señalar como ejemplos de escenas groseras y feroces, en la Odisea, la lucha del mendigo Iro con Ulises [1] la muerte de Melanto y de doce criados de Penélope [2] pero también esto es lo que constituye la excepción, las costumbres y los sentimientos en lo general demuestran más refinamiento y cultura. La hospitalidad y consideración al extranjero [3] los banquetes, donde ya los héroes no tienen que asar ni desgarrar por sus propias manos las entrañas de las reses, la mesa de los festines rodeada de cómodas sillas donde no es raro ver sentado el parásito, ni el heraldo escanciador de vino en cráteras de oro, ni el bardo que alegra ó entristece al son de los cantos de su lira [4] el empeño de los más encumbrados personajes no de ponderar ya sus hazañas, sino sus riquezas, las bodegas donde se guarda el queso y el vino, [5] el sótano cerrado por llaves complicadas [6] y seguras puertas, [7] las escalinatas, los mendigos sentados en los pórticos, todos estos son detalles esparcidos con profusión por toda la Odisea y reveladores del modo de ser de aquella sociedad.

Pero si estudiamos este progreso en otras manifestaciones del arte, en la arquitectura, en la indumentaria y en la industria, las pruebas aparecen aún más concluyentes. Hay en la Iliada la descripción de la ciudad de Troya, se hace referencia á sus templos, á sus vastas calles, á sus puertas; Príamo y Paris, de pie sobre la muralla, observan el campo del combate; Andrómaca y Helena se acogen á una torre; pero ésta y otras descripciones son vagas y fugaces; en la Odisea son más detalladas y frecuentes, el poeta complácese con constante preferencia en describir. El famoso palacio de Alcinoo [8] con sus sillas cubiertas de finísima tela, y sus estatuas, y sus criados, y sus vajillas, y sus esclavos que fabrican tejidos ó muelen trigo, quizá pueda ser un pasaje interpolado por el mismo grado de refinamiento y lujo que supone, [9] pero en otros puntos de la Odisea pueden recogerse análogos datos. Al referirse el poeta al palacio

1 Odisea. canto VIII.
2 Odisea: canto XXII.
3 Sobre ti, dice Penélope á Telémaco, caerá el oprobio del mal tratamiento que ha recibido el extranjero que ha puesto el pie en el umbral de nuestra morada. Odisea: canto XVIII.
4 Satisfecho el apetito y apagada la sed, se acordaron del canto y del baile, pues estas dos diversiones son el ornamento principal de un festín. Un heraldo dió á Femio una cítara magnífica. Odisea: canto I.
5 Véase la descripción de la gruta del Cíclope: canto IX, Odisea.
6 « En su mano vigorosa llevaba una llave de acero con cabo de marfil » Odisea: canto XXI.
7 Puerta del aposento de Penélope.
8 Odisea: canto VII
9 E. Veron. *Superiorité des arts modernes sur les anciens.* Paris 1862, pág. 183.

de Penélope habla de escalinatas, de pórticos, de sótanos donde
guarda Ulises sus vinos y sus tesoros; de un piso superior; de le-
chos suntuosísimos; de criados que traen vasijas de plata para que
los visitantes se laven las manos; de copas de oro; de mayordomos,
porquerizos, boyeros; de pavimentos artísticos, de tapices, coberto-
res y bañeras; y hace otro tanto al referirse á los palacios de Mene-
lao y de Circe y de Nausica. El canto, el baile y la poesía eran
partes indispensables de todo festín. Los pretendientes para ren-
dir á Penélope usan de otras armas y mañas que las que usaron los
príncipes coligados de la Grecia para rendir á Helena; los nuevos
príncipes son jóvenes, ricos, perfumados, vestidos lujosamente, sus
armas son los regalos valiosos; su destreza, la seducción.

La naturaleza contemplada apaciblemente por el poeta brinda
hermosura y encantos despertadores de voluptuosidades desconoci-
das á los rudos y sencillos héroes de la Iliada en sus instintivos
apasionamientos. La hermosa isla de la ninfa Calipso, la abun-
dancia de la isla del Sol, el encanto de las sirenas, el horror de los
escollos de Scyla y de Caribdis, la frescura y naturalidad de las be-
llísimas escenas de Nausica lavando sus ropas en las orillas de cris-
talino río, bañándose con sus ninfas en las riberas del mar, el valle
donde cantaba mientras entretenía sus ocios, haciendo finísimos te-
jidos, Circe la encantadora, son pasajes nutridos por las emociones
que en el alma del artista debió producir la observación atenta de
las bellezas naturales. Ningún pasaje de la Iliada, ni de los poetas
cíclicos guarda analogía con éstos. Hasta entonces sólo pareció
objeto digno del canto la acción del hombre, la del dios ó la del
monstruo humanizado; nunca en el poeta ocupó tan preferente aten-
ción y lugar las descripciones de las bellezas debidas al arte y pro-
ducidas por la naturaleza: la fuente productora de toda la poesía
fueron las pasiones del humano, las fuerzas, el ejercicio, el poder
del humano.

Esto revela claramente mayor adelantamiento social; como si el
simbolismo que algunos quieren ver en la Iliada, la lucha del Occi-
dente con el Oriente, de la Europa naciente con las decrépitas civi-
lizaciones del Asia, se cumpliera adoptando el griego vencedor algu-
nos hábitos y tradiciones de la cultura oriental de que son brillante
reflejo en la Odisea el lujoso palacio de Alcinoo, el sibaritismo de
los príncipes que gastan púrpuras y se perfuman el cabello á uso
de los persas, la magia que asoma en el velo de Leucotea que salva
de los naufragios, en la transformación de Minerva en golondrina.

en la bebida con que Circe la encantadora transforma en puercos á
los hombres y el fuerte arco de Ulises, leyenda que con otras es vi-
va reminiscencia de algunas del Ramayana. [1] Diríase que el pri-
mer poema marca la época en que el pueblo griego, constituído ya,
autónomo, con la creencia firme de que á sí mismo se debía, unido
estrechamente en el empeño y gloria de una empresa memorable,
cumple su ley de expansión abriendo brechas con su espada en las
murallas de Troya, dejando camino más franco y despejado al co-
mercio de objetos y de ideas; por eso no es ya el rudo batallar asun-
to interesante para un nuevo poema, sino las noticias que da el hé-
roe ó protagonista Ulises, de lejanas y desconocidas tierras, y las
comodidades de que se hallaba dotada la vida doméstica.   Las cos-
tumbres, por otra parte, demuestran un trato social más esmerado:
reconócese como deber sagrado la hospitalidad y guárdanse de mejor
modo los respetos humanos al extranjero que arriba á las costas ó
penetra en las ciudades de Grecia.

A este fondo corresponde una forma más complicada y artística
que la de la Iliada: la Odisea, en conjunto, es obra más rica y her-
mosa, más llena de armonía y de elegancia.   El asunto capital del
poema, la cadena de oro que aparece y desaparece entre las sinuo-
sidades que trazan tanto episodio vario, aunque en curso no tan
tortuoso como en la Iliada, la constituyen los viajes de Ulises; si
bien comparten la atención con las aventuras de éste, las escenas
que ocurren en su hogar desamparado.   La ansiedad de la fiel es-
posa Penélope, hostigada por los pretendientes á su mano; la de su
hijo Telémaco, que ve las dilapidaciones ó insolencias de extraños
con los bienes de su padre y con su persona y honor, causan una
expectación constante hacia el regreso de Ulises.   La situación di-
fícil de Penélope, que acude á ingeniosa estratagema para evitar
sus consecuencias, la impaciencia é incertidumbre de Telémaco, las
amenazas que consigo trae la vuelta del príncipe guerrero y jefe de
aquel combatido hogar, contribuyen á dar cierta unidad al poema y
á mantener, durante todo él, interés vivísimo.   Las aventuras de
Ulises vagando por tierras y países desconocidos y la ansiosa ex-
pectación de su esposa y de su hijo y de sus servidores y amigos
fieles, preparan el desenlace altamente trágico, pero que se desarro-
lla lento, penoso, desde que Ulises y Telémaco se reconocen en la

---

1  Djanak poseía un arco famoso que le dió Indra, arco tan potente que ni aun los mismos
dioses tenían fuerza para tenderlo.  Manuel de la Revilla: *Literatura sánscrita;* el Ramayana
*Revista de España*, 1872.

morada de Eumeo y comienzan á inventar planes de venganza para destruir el de los osados ó intrusos pretendientes. Las escenas del reto de Telémaco á sus enemigos, la del arco, cómo llega éste á manos de Ulises disfrazado de mendigo, rivalizan por la profunda expectación que producen con los más interesantes de los trágicos, culminando sobre todas las de la lucha de Ulises, su hijo y sus servidores fieles, contra los numerosos y arrogantes príncipes que por tanto tiempo mantuvieron la inquietud en su hogar. Todo esto forma un desenlace más complicado y lógico, una trama más artística, son de más elevada trágica, de mérito superior y no igualado, por cierto, en la Iliada donde el interés culmina con la muerte de Héctor atado al carro del vencedor y arrastrado ante los muros de la legendaria Troya.

Los personajes de la Odisea tal vez no se hallan caracterizados con trazos tan vigorosos como los de los héroes de la Iliada; pero el cuadro en que la acción se desarrolla es más vasto, más ameno, más hermoso. Consideradas ambas epopeyas como producciones de un mismo género, obedientes en su desarrollo á regla no quebrantada por ejemplo alguno en la antigüedad, son por sus bellezas poéticas, dignas rivales la una de la otra; su valer siempre habrá de aquilatarse en alto grado por las libres apreciaciones del arte, que se concreta á admirar sorprendido, que no juzga, ni analiza con la austera serenidad de la crítica.

————

De todo lo que se ha comprendido bajo la denominación de biblias épicas, dice Hegel, [1] ninguna más digna de servir de modelo que la Iliada y la Odisea. Frecuente es hallar repetida, desde muy antiguo, esta idea que encierra una gran verdad: las dos hermosas epopeyas contribuyeron á fijar los mitos religiosos del pueblo heleno, recogieron sus más vivas tradiciones, unieron los sentimientos de las dispersas tribus celebrando sus acciones gloriosas en un solo canto nacional cuyos acentos conmovían vibrando á la par que las cuerdas de la lira de los rapsodas, en los banquetes, en las fiestas, en las grandes solemnidades, en el campamento del guerrero y en los juegos y certámenes á que acudían á ganar, en lid honrosa, la corona de laurel, los más celebrados bardos de Grecia.

Monumentos literarios de tal grandiosidad que mantuvieron en el pueblo la fe religiosa que contribuyeron á unificar sus senti-

1 Esthétique: Paris 1875.

mientos guardando sus tradiciones más veneradas, fueron inagotable fuente de inspiración artística. La trascendencia histórica, social, religiosa y filosófica que ejercieron estos poemas en todos los órdenes y desarrollo de las manifestaciones geniales del pueblo griego, pueden señalarse sin gran esfuerzo; pero tócanos hacerlo sólo en lo que se relaciona con la más bella y exquisita manifestación artística.

El desarrollo artístico de la poesía griega presenta tres períodos culminantes: aquel en que la época llega á su apogeo con Homero, Hesíodo y los poetas cíclicos; el segundo en que á la época sigue la lírica inmortalizada por las inspiraciones de la musa de Píndaro, Safo y Alceo; y el tercero en que se funden ambos elementos para nutrir las vigorosas y admirables concepciones de los trágicos, Esquilo y Sófocles. Por manera que la Grecia que nos legó en cada género poético obras modelos de pureza, de corrección, de rica y no igualada fantasía, presenta la variedad y riqueza de su manifestación poética en riguroso orden lógico, en plan armónico: épico, lírico, dramático. Sucédense en el tiempo estos grandes géneros poéticos trasmitiéndose sus elementos, enriqueciéndose ordenadamente y llegando á brillar con toda libertad y esplendor.

El pean, los himnos, la elegía y la comedia sin elementos tan puros y bien determinados como los tres grandes géneros citados no habrán de ser objeto principal y detenido de nuestro estudio al tratar de señalar la influencia de la Iliada y la Odisea en los demás géneros poéticos de Grecia.

El lino, el pean, los trenos, los himeneos, los himnos, primeras y vagas manifestaciones de la poesía primitiva de los griegos, debieron preceder en mucho tiempo quizá, siglos enteros á la rapsodia épica, y sobre todo á la rapsodia homérica, genuina expresión del espíritu de Grecia en su edad heroica. La elegía, género en que quieren ver algunos un período de transición entre la épica y la lírica pudo muy bien recibir influencias inmediatas de la Iliada. [1]

---

1 Algunas estrofas de Tirteo recuerdan el tono varonil y las ideas latentes en la Iliada:

«Tú á la batalla por el patrio suelo
Valiente, corre, y por tus hijos muere;
Deja de infame vida el torpe anhelo.
Mantén la fila, y denodado hiere;
Manténla firme; oprobio aquel cobarde
Que á la fuga de la lid principio diere.
Iras pon en tu pecho, en iras arde;
Con hombres las habrás en la pelea
No el amor de la vida te acobarde,

*Anacreonte, Safo y Tirteo.* Traducción de J. del Castillo y Ayensa: Madrid 1832, pág. 198.

No se halla marcado con entera fijeza el carácter de esta poesía: Schœll quiere conciliar las tendencias tan opuestas que se le asignan al asegurar que fué un canto lúgubre y también un canto bélico, fijando en dos épocas distintas ambas manifestaciones propias de la elegía. Todo poema lírico, dice, en que el asunto era triste ó lúgubre llamábase elegía: ésta era la antigua, cuya invención se atribuye á Calino. Mas hubo otra forma de elegía, un canto de guerra compuesto de dísticos, esto es, de exámetros y pentámetros combinados, y cuya invención se atribuye á Simónides. Tirteo, que figura brillantemente entre los elegiacos, inspiró sus poesías en el entusiasmo guerrero. De suerte que si fué la elegía canto lúgubre destinado, por lo común, á llorar la muerte de una persona querida y que, como composición más perfecta, de tiempos más adelantados pudo, por su objeto y carácter, sustituir ventajosamente al pean, al lino y al treno, en estas formas de poesías se encontrarán elementos más apropiados para influir en su desarrollo que no en la Iliada, epopeya varonil, del combate y de la guerra, por más que en este mismo poema no falten pasajes como las lamentaciones de Príamo ante el cadáver de su hijo, las que en torno de la pira de Patroclo hacen sus amigos y servidores y los de las musas por Aquiles, propios para despertar las inspiraciones del poeta elegiaco. Pero si fué la elegía canto patriótico dedicado á enardecer las pasiones del guerrero, á entusiasmarle con el amor á la gloria alentándole á recibir honrosa muerte en el campo del combate, como el que tan enérgicamente vibra en el estro vigoroso de Tirteo, entonces la elegía, á pesar de presentar mayores puntos de semejanza con la lírica que con la épica, puede muy bien haber ido á buscar los motivos de su inspiración en los poemas homéricos. [1]

La influencia de las dos grandiosas epopeyas ha sido dilatada y apenas si cada cantor notable de Grecia no despide de la aureola que le circunda un reflejo, un destello de aquella luz pura, inspiradora, que clareaba con sus esplendores los horizontes de la filosofía, de la historia, de la religión y del arte; por esto mismo, interminable tarea habría de ser la de ir señalando siquiera en los principales autores de cada género poético las analogías, reminiscencias ó imitaciones con pasajes de la Iliada y la Odisea. Lo que nos

---

1 Estos poemas que debieron ser la base de la ilustración griega, serían leídos sin duda y aun enseñados por Tirteo, en cuyas canciones se encuentran pensamientos tomados de la Iliada y acomodados al tono enérgico y á la expresión concisa de sus discursos marciales. *Tirteo:* trad. de J. del Castillo op. cit. pág. VIII.

parece harto forzado es ir á buscar también en ambos poemas, ó en el ciclo en que predominó la epopeya, por ser la más genuina, si no la única manifestación posible de los sentimientos heroicos del pueblo griego en aquella época, los elementos de lo cómico. Nuestro criterio humilde abriga convicción contraria. Cítanse poemas en que entró como elemento primordial lo cómico, entre ellos el Margites [1] y la Batracomiomaquia; pero, sobre no estar bien determinada la fecha á que pertenecen ambas concepciones, inclínase la crítica histórica á considerarlos como muy posteriores al ciclo homérico, ni por su carácter ni por su asunto caben en la clasificación ó género de la rapsodia primitiva. Cierto que en la Iliada y la Odisea hay pasajes en que lo que predomina es la nota cómica: pueden citarse el de la escena á que da lugar el equívoco empleado por Ulises para burlarse de Polifemo; la estratagema que emplea Agamenón para alentar á su ejército y que le resulta contraproducente por ser juguete de un engaño de Júpiter; el correctivo aplicado por Ulises á las bravatas de Tersites; el cinismo del mendigo Iro; la transformación en puercos de los amigos del divino Ulises; las escenas que por falta de consideración mutua se producen en el hogar de los dioses; mas, todos estos pasajes, ya porque desdicen del tono general del poema, ya porque huelgan, pues no guardan relación estrecha con los asuntos principales, han sido considerados, no pocos, como interpolaciones. Sin embargo, para juzgarlos, preciso es no olvidar que por mucho que procuremos esforzarnos no habremos de llegar á darnos exacta cuenta de la extremada sencillez de las primeras creencias de los pueblos y sobre todo de la del pueblo griego cuyo Olimpo homérico no resiste el más ligero examen á la luz de la razón. Así y todo, fueron creencias que los griegos veneraron, fuentes de su inspiración, móvil de su sentimiento y hacia los cuales no debieron tener en los primeros tiempos de ingenuidad otra cosa que profundo respeto. Los pasajes que andando los tiem-

---

[1] Los dos pasajes de la *Poética* que trascribimos demuestran que quien contribuyó más á robustecer los argumentos de los que aseguran que en Homero se hallan los gérmenes ó elementos de la comedia fué Aristóteles, atribuyendo equivocadamente, como ha demostrado la crítica contemporánea, el Margites, al poeta de la Iliada y la Odisea. «Antes de Homero no se halla ningún poema tal aunque es de creer que hubiera otros muchos compuestos. Y comenzando del mismo Homero tenemos hoy suyo el Margites.» Poética: cap. IV § 3. «Mas así como Homero en los asuntos graves y heroicos es el más excelente poeta (y lo es él solo no solamente por haber escrito bien sino también por haber introducido las imitaciones dramáticas): de la misma manera, primero que todos los demás mostró cuál debiera ser la forma de la comedia, enseñando que en ella se debían representar cosas ridículas y no los oprobios de los hombres, porque su Margites tiene la misma proporción con la comedia que la Iliada y la Odisea con la tragedia. Cap. IV § 4. *Poética*. Trad. Scijas y Tovar. Madrid 1778.

pos, constituyeron la rica veta explotada por los cómicos debieron tener en la sana y sencilla sociedad primitiva un sentido recto y de completa sinceridad. Por eso opinamos que la Iliada y la Odisea no contienen elementos cómicos; ni Aristófanes, ni Menandro, ni Filemón [1] que aunque algo apartados unos de otros pertenecen todos á los días que se marcan como de decadencia para la historia y el arte griegos, buscaron asuntos para sus comedias en la primitiva epopeya. La comedia fué invención muy posterior, original en su manifestación, producto tan natural y legítimo de la decadente sociedad que le dió vida como fué la epopeya, expresión genuina de la edad heroica.

A otras manifestaciones de la poesía griega dedicaremos, pues, nuestra atención. En los fragmentos y demás poemas épicos, contemporáneos de la Iliada y la Odisea, en todo el tiempo que abarca en su desarrollo y actividad la épica, en todo el ciclo homérico, difícil será hallar asunto que no se relacione con ambas: fueron el punto de partida ó el de enlace de todas las narraciones de su género; pero, como más vigorosas ó espléndidas, redujeron á términos muy secundarios las demás. Proclo, cuya Crestomatía es el documento más auténtico que puede consultarse con fruto para estudiar el carácter de los poemas de este ciclo, nos da á conocer sus argumentos. Arctino de Mileto, continúa la Iliada con la Etiópida y la Destrucción de Troya, incluyendo en su vasto poema episodios como el del caballo de madera, la toma de Ilión, la lucha de Ulises y Ayax por las armas de Aquiles, cuyo interés aviva el recuerdo de la Iliada. La Cipriada de Estasino, refiérese principalmente á sucesos anteriores al momento elegido por el cantor de la Iliada en su relato de la guerra de Troya: entre otros episodios contiene el del sacrificio de Ifigenia en Aulide. El poema de Lesques de Lesbos intitulóse la pequeña Iliada y trata de acontecimientos tan íntimamente relacionados con el poema principal que se le tuvo por complemento de ella y aun llegó á atribuirse á Homero. Otros muchos poemas notables conócense de este ciclo: la Tebaida, los Nostoi, la Telegonía, los Epígonos de algunos como de estos últimos dice la crítica que por la alteza del asunto y del estilo no hubieran desmerecido de los que se atribuyen á Homero. Tres hechos históricos formaron como un fecundo y vigoroso núcleo de inspiración donde

---

1 Aristófanes, es el creador de la comedia antigua, sus *Nubes* se representaron en el año 424, A. de J. C. Menandro y Filemón, más conocidos por los arreglos y referencias de los autores latinos, figuraron, más de un siglo después, en la comedia nueva.

fueron á buscar asuntos los cantores de este ciclo: la guerra de Tro-
ya, el regreso de los príncipes guerreros del campo del combate y la
guerra de los aquivos contra Tebas; mas en ninguno brillaron tan
esplendorosas las galas de la poesía como en los poemas que canta-
ron la venganza de Aquiles y los viajes del prudente Ulises.    Es
tan poderosa la influencia de estas epopeyas que á su lado, y á pe-
sar de que contienen cualidades muy dignas de apreciación, queda-
ron como eclipsadas las demás producciones del género.

No son los mismos elementos los que hacen brillar la inspiración
en el poeta épico que en el lírico, ni las épocas de predominio de
ambos géneros de poesía son los mismos.    El canto homérico sere-
no, majestuoso, claro, parece desenvolverse con idéntica lentitud á
la del suceso histórico á que se refiere: la oda pindárica, arrebatada,
confusa, llena de viveza, diríase que se desata con la misma vio-
lencia que las pasiones fogosas de un alma súbitamente emocionada.
Las manifestaciones de la lírica, tan ricas y varias como los senti-
mientos humanos, no se presentan con el conjunto casi uniforme
de los poemas de la edad heroica.    Difícil sería hallar en líricos co-
mo Anacreonte y Safo, que cantan preferentemente su pasión por
los placeres y el amor, la influencia que en su musa delicada y ori-
ginal pudieron ejercer los acentos rudos de otra época de valor y de
combates.

La oda á la lira que en la colección de los escasos fragmentos
que de Anacreonte poseemos, suele colocarse en primer término, ca-
si es una franca rebelión hacia las antiguas formas y las graves
ideas de otra época más sencilla y más crédula: «Quiero hablar de
los atridas y cantar de Cadmo; pero las cuerdas de mi lira sólo vi-
bran al son de los amores.    Ya mudé sus cuerdas y aun la lira to-
da; y me proponía cantar las hazañas de Hércules, pero mi lira sólo
vibró á influjos del amor.    Héroes! ¡por siempre adiós; que mi lira
vibra sólo amor!»[1]    Tarea contraproducente quizá fuera ir á buscar
en la epopeya homérica acentos tan tiernos, delicados y llenos de

<hr />

[1] Mad. Dacier en sus comentarios sobre Homero, indica que bien pudo inspirar Anacreonte
su oda XVII en la pintura que el épico hace del escudo de Aquiles. (Iliada: canto XVIII.)  Posi-
ble es que Anacreonte tuviera presente este pasaje, mas no para imitarle; tiene su oda un sabor
epigramático y aun burlesco que se aviene mal con el respeto por el modelo.  La traducción
libre de la oda es esta: «¡Oh artífice Vulcano, no me hagas una armadura ¿qué tengo yo que ver
con las batallas?  Hazme una copa y ahóndala bien.  No le grabes estrellas, ni el carro, ni el
terrible Orión ¿qué me importan las Pléyadas ni las estrellas del Arador?  Grábame racimos de
uva y un lagar de vino, etc.»  En otras odas puede notarse aún más el espíritu de independencia
de este lírico hacia los asuntos que antes consagró la poesía: «Tú, cantas los combates de Tebas;
aquél, los de los frigios; mas yo canto mis tormentos.  Ni carros, ni guerreros, ni naves me de-
rrotaron; otra falanje fué la que me venció disparándome desde unos ojos.»  Oda XVI.  Quitáos!

voluptuosidad melancólica y refinada como los que contienen las perfectas y originales estrofas de la misteriosa poetisa de Lesbos:

Δέδυκε μὲν ἀ σελάνα
καὶ Πληῒαδες, μέσαι δὲ
νύκτες, παρὰ δ' ἔρχεθ' ὥρα,
ἔγω δὲ μόνα καθεύδω. 1

No obstante, cuando la lira no vibraba á impulsos de pasiones egoístas entonces no es posible desconocer que la poesía lírica, en la rica y variadísima manifestación de sus formas métricas que la llenaban de novedad y de gracia, parecía recoger con respeto las tradiciones de la epopeya homérica y por un instante su forma solemne encerrada en la majestad del exámetro armonizábase con la inquieta y caprichosa volubilidad de los asuntos propios del lirismo.

En Alceo, Estesícoro, Ibico y Píndaro es donde puede estudiarse con más fruto la influencia que hubieron de ejercer las antiguas ideas robustecedoras de la inspiración del poeta heleno; mas solamente las ideas, las creencias, las traducciones, no la forma; que en ellas fué independiente y libérrima la lírica. Cuando Alceo cesa en su enojo y en vez de crueles y sañudas invectivas contra sus enemigos políticos Mirsilo y Pítaco consagra las notas de su canto á los dioses, dicen sus admiradores que su estro recuerda por su robustez el de Homero; y cuando Estesícoro va á buscar asuntos para sus poemas en las tradiciones heroicas y mitológicas debió tener muy presente las dos grandes epopeyas homéricas que como ninguna otra fuente encerraban con pureza las leyendas y los dogmas. El título mismo de los extensos poemas de Estesícoro pueden citarse en apoyo de esta conjetura: la Ruina de Ilión, el Regreso de los héroes y la Orestía. Los asuntos desarrollados por Pítico en sus poesías, antes de que el gusto y las exigencias de la corte de Polí-

quiero embriagarme por los Dioses: quiero llenarme de furor. Los parricidas Alemeón y Orestes se enfurecían. Yo no soy asesino y quiero encolerizarme bebiendo vino. Hércules furioso revolvía su aljaba y disparaba el arco de Ifiteo; y Ayaz furioso blandía la espada de Héctor. Pero yo no necesito arco ni espada; con la copa en la mano y una guirnalda en la cabeza me lleno de furor.

1 Safo: oda IV.

Ya sumergióse la luna,
Ya las Pléyadas cayeron,
ya es media noche, ya es hora,
¡Triste! y yo sola en mi lecho.

*Anacreonte, Safo y Tirteo.* Trad. de J. del Castillo y Ayensa. Madrid, Imp. Real: 1882.

crates influyera en sus cantos, fueron también mitológicos y he-
roicos.   Y por último, Píndaro, el príncipe de los líricos de Grecia
que vivió en la época de esplendor de esta nación, elogiaba con no-
bleza las acciones de los contemporáneos más meritorios: sus odas,
sus hermosas odas, que por modelo hubo de escoger la musa elegan-
tísima del latino Horacio, á menudo se interrumpían para referir
episodios de las edades mítica, fabulosa ó heroica. [1] Ejemplo de
esta constante propensión de Píndaro á relacionar los asuntos con-
temporáneos con los de la edad antigua es el pítico al rey Arcesi-
lao en el cual incluye la relación del viaje de los Argonautas.

Si en la poesía lírica por la variedad riquísima de sus asuntos
y aun de su forma sólo se ve como en ráfaga deslumbradora y pa-
sajera la influencia que en ella ejerció la manifestación épica y
sobre todo sus más sublimes modelos la Iliada y la Odisea, en la
dramática se determina ya de un modo constante, fijo y elo-
cuente.

1   En su oda á Terón, rey de Agrigento tiene este pasaje:

> Allí está, pues, Aquiles,
> Que humillado vió á Héctor, y es de Troya
> Firmísima columna......

En su oda á «A Efarmosto de Opunto, luchador» trae este otro:

> Y como ya su afecto en él ponía
> Aquel hijo de Tetis, le impusieron
> Que en los rudos combates de Mavorte,
> Sin su lanza no fuera......

Bibliot. Universal.  Madrid 1884.  Trad. A. Laso de la Vega.
En su oda «A Agesidamo de Locris»:

> Si al fin derriba á los soberbios púgiles
> En la Olímpica lid Agesidamo
> Para Hilas su maestro yo reclamo
> Honor y gratitud.
> Así á Patroclo su victoria espléndida
> Debió Pélides.

De su oda á Jenofonte de Corinto, es este pasaje:

> Delante las altísimas murallas
> De la sagrada Ilión, al Efireo
> Se miró ya sitiado, ya asaltante,
> La suerte decidir de las batallas
> El uno en pos del vástago de Atreo
> En arrancar á Helena de su amante
> Empéñase arrogante
> El otro de la bella
> Fiel combate al servicio
> Y hasta el Griego se estrella
> Al pie de Glauco el Licio.

*Odas de Píndaro*, Bibliot. clásica.  Trad. Montes de Oca.  Madrid 1883.

Es la dramática la poesía que reúne la objetividad de la epopeya con el carácter subjetivo de la lírica. En el drama griego se manifiestan hasta con separación singular, pero siempre en admirable armonía, estos dos elementos esenciales. El personaje que es uno en Esquilo, ó acaso, según se discute fueron dos, porque así lo exigían los pasajes en que hay diálogos notables por su viveza, habla con el solemne tono de cualquiera de los héroes de la Iliada, como ellos, al hablar, se caracteriza, exponiendo con pasión los sentimientos é ideas que le animan; el coro, cuyo papel en el drama también ha sido objeto de diversas conjeturas, siendo la más verosímil la de que hacía las veces de espectador ó del pueblo exponiendo en voz alta las impresiones y emociones que en él producía el desarrollo interesante de la acción, llegó á contener pasajes de dulzura y delicadeza, de ternura y de amor; así se aunaban en el drama los robustos y viriles acentos de la epopeya homérica con los delicados y graciosos de la musa inspiradora de Anacreonte y de Safo.

La Harpe [1] transcribe, tomándolo de los Siete contra Tebas, pasajes en que un jefe tebano da cuenta á Etecles de la posición del ejército sitiador y hace esta exacta observación: «es el estilo de la epopeya; tal parece que se leen pasajes de la Iliada». Y para que resalte el tono y estilo de la oda transcribe también el coro formado por jóvenes tebanos que espantados con los horrores de la guerra y de los males que les amenazan, á caer Tebas en poder del vencedor, se encomiendan á los dioses.

En el argumento, en el asunto, es donde aun con más inequívocas señales puede verse la influencia que en la dramática ejercieron las dos grandiosas manifestaciones de la épica. De Esquilo repitióse en la antigüedad que sus dramas eran migajas del rico festín de Homero; lo cual, si por una parte es algo exagerado, pues en su género llegó Esquilo con su Prometeo á las alturas donde se cierne la concepción más genial de la épica, por otra parte sirve para convencer de que la principal y casi única fuente que vigorizó el desarrollo de la dramática fué la epopeya, no sólo por haber recogido las tradiciones heroicas, mitológicas, sino por la forma en que las encerró. En los discursos, luchas y disputas de los héroes de la Iliada, en el modo como narran y se expresan pudo estudiar la dramática sobre todo cuando confiaba á un solo interlocutor la

---

1 *Cours de littérature.* Paris 1826, tom. II, pág. 210.

exposición del argumento, la propiedad, la vida y el interés que le eran necesarios. Excepto Los Persas y alguna que otra tragedia los argumentos de éstos versan sobre asuntos ya cantados por la épica. Esquilo, revistió de formas dramáticas la epopeya, fué el genial inventor de la más complicada y sublime manifestación del arte y acomodándose al espíritu de su época, ya un tanto más reflexiva y excéptica en cuanto á la creencia antigua de que los dioses cooperaban directamente en el desarrollo de los sucesos humanos, apoyando los ejércitos y combatiendo al lado de los héroes, aprovechó otro gran elemento de interés dramático: la fatalidad del Destino á cuyo influjo seguían atribuyendo los griegos el inexplicable y tortuoso desarrollo de algunos sucesos notables. El elemento maravilloso de la epopeya fué el poderío, la voluntad de los dioses; en el drama fué otra fuerza inflexible, incontrastable, que se mostraba cruel y sañuda, consiguiendo su objeto que era el de conmover y aterrar profundamente. El Destino juega también principal papel en el desenlace de las acciones culminantes de la epopeya.

Basta recorrer la Iliada y la Odisea para tropezar con la rica y abundosa vena que suministró inagotables tesoros para sus tragedias á Esquilo, Sófocles y Eurípides que tomaron y repitieron unos mismos argumentos. Agamenón, Ayax, Aquiles, Ulises, son los héroes de la epopeya; Filoctetes [1] abandonado en la isla de Lemmos y con cuyas quejas é infortunios, de origen distinto que los de Edipo, [2] trazó un carácter tan patético el correctísimo Sófocles en sus mejores tragedias; Yocasta, Egisto y Clitemnestra, [3] Andrómaca, Hécuba, Ifigenia, tienen, como el Cíclope, [4] que dió asunto á Eurípides para su obra de igual nombre y clasificación dudosa, su fisonomía y sus hechos, consignados en el brillante código de las tradiciones, leyendas y mitología del pueblo griego: la epopeya.

Si la Iliada y la Odisea influyeron de manera poderosa y directa comunicando espléndida vida á las otras manifestaciones de la poesía helénica, esta influencia puede reconocerse aún más al recordar que tres grandes preceptistas de la antigüedad hubieron de examinar y enaltecer sus bellezas y de recomendarlas como dos modelos de la más provechosa y digna imitación. Aristóteles en su *Poética* pone siempre en muy preferente lugar el nombre de Homero: «se

1  Iliada. canto II.
2  Odisea: canto XI.
3  Odisea: canto XI.
4  Odisea: canto IX.

muestra divino, dice, sobre todos los otros poetas». [1]  Longino, en su *Tratado de lo Sublime*, le admira y en sus ejemplos y términos de comparación pone en punto culminante la inspiración y maestría de Homero.  Al examinar la segunda oda de Safo exprésase en estos términos: «Al modo que Homero nos presenta un cuadro sublime, cuando para describir la tempestad recoge todas aquellas circunstancias que la hacen más espantosa, Safo, reuniendo todos los efectos más terribles del amor, hace una pintura sublime de su poder y de sus furores.»  Horacio en su *Arte Poética*, como con bastante fundamento se ha llamado su *Epístola á los Pisones*, pone en el más elevado lugar del arte el nombre y el ejemplo de Homero:

Res gestæ regunque ducumque et tristia bella
Quo scribi possent numero mostravit Homerus [2]

La Iliada y la Odisea, son pues, por excelencia las obras más trascendentales de Grecia; ellas mantuvieron la fe religiosa, el amor á las nobles y heroicas hazañas, con su savia pura, vigorosa y fresca nutrióse la inspiración de los poetas de otros géneros.  Sus acentos épicos mantuvieron la poesía muchos siglos á una altura tal que difícilmente podrá hallarse mantenida en otros pueblos ni por tanto tiempo: los cantos resonantes de la Iliada llenos de luz y de vida parecen unir sus vibraciones á las de la hermosa lira griega: en cada estrofa, en cada verso, parece hallarse una reminiscencia, un recuerdo vivo de aquellos cantos primeros de un pueblo nacido para amar la belleza y reproducir en formas de corrección inimitable las emociones que despertaba en su alma sensible y varonil.

---

1 «Poética de Aristóteles dada á nuestra lengua castellana por don Alonso Ordóñez de Seijas y Tovar, Señor de San Payo.  Madrid, 1778, cap. XXIII, § 2.  Otros párrafos de la Poética pueden citarse en apoyo de la predilección de Aristóteles por Homero.  «Mas así como en las demás cosas fué excelente Homero, también en esto parece que conoció lo mejor, fuese por arte ó por naturaleza: porque en la Odisea no finge todas las cosas que sucedieron á Ulises... sino que puso todas las demás cosas que pudieron constituir una sola acción.» Cap. IX § 2.—«Todas las cuales partes usó antes que todos muy aventajadamente el poeta Homero.  Porque él en uno de sus poemas que es la Iliada, es simple y afectuoso y la Odisea es intrincada, hallándose por toda ella el reconocimiento y lo moral.  Sobre esto en la locución y en las sentencias se aventaja á todos los demás poetas.» Cap. XXIV, § 1.—«Y Homero, como en otras muchas cosas, es digno de singular alabanza.» Cap. XXIV, § 5.

2 *Arte Poética*, traducción de D. Raimundo Miguel:

El que enseñó primero
En qué especie de verso convenía
Cantar guerras fatales
Y hazañas de los fuertes generales
Y de los reyes fué el antiguo Homero.

## APENDICE

### VIDA DE HOMERO ATRIBUÍDA Á HERODOTO

Herodoto de Halicarnaso, no proponiéndose otra cosa sino buscar la verdad, compuso la presente historia sobre el nacimiento y vida de Homero.

Fué hijo de Criteis, natural de Cimea, que habiendo sido seducida por un desconocido huyó de su tierra natal y sorprendiéndole en las orillas del río Meles los dolores del parto dió á luz un niño que, lejos de ser ciego, poseyó ojos muy hermosos. Ya porque era costumbre celebrar una fiesta en las orillas de este río, llamada Melesígenes, ya por el nombre del mismo río, el niño fué reconocido con el sobrenombre de Melesígenes.

En Esmirna, Femio, que se ganaba penosamente la vida instruyendo á sus conciudadanos en las bellas letras tomó á Criteis de hilandera, abonándole por su oficio seis sueldos. Tan buena conducta observó Criteis con su protector que éste la tomó por esposa prohijando también á Melesígenes quien, primeramente fué discípulo aventajado y luego maestro que rivalizó y aun superó en mucho al caritativo y bondadoso Femio.

Muerto éste, Melesígenes, animado por el patrón de navío Mentés, viajó mucho por el Tirreno, conoció la Iberia y se detuvo en Itaca recogiendo allí de boca del propio Mentor las tradiciones referentes á las aventuras que en su regreso de Troya hubieron de ocurrir al magnánimo príncipe Ulises. En Itaca le detuvo mucho tiempo una enfermedad que comenzó á padecer en los ojos.

De Itaca llevó el patrón Mentés al viajero á Colofón donde se le agravó de tal suerte la enfermedad contraída en Itaca que perdió la vista y regresó á Esmirna, su ciudad natal; allí ya no le conocieron sus conciudadanos y extranjeros por otro nombre que el de Homero, esto es, el ciego.

Convertido en uno de tantos rapsodas como existían en Grecia, siguió visitando ciudades y países. Estuvo en Focia, donde Testórides brindándole hospitalidad, le robó sus versos escribiéndolos y recitándolos luego como suyos en Chios. Llegó Homero también á Chios y enterado del mal comportamiento de Testórides, regresó á Esmirna. Más adelante volvió á Chios. El pastor Glauco compadecido de Homero por el relato que éste le hizo de sus desaventuras le cobró cariño, túvole algún tiempo en su pobre cabaña y luego le recomendó á Bolisso ciudadano de Chios, quien también hubo de

acogerle en su casa.   Compuso el poeta en casa de Bolisso las Cerco-
pes, las Epiciclidas y la Batracomiomaquia, con otros muchos poe-
mas que le hicieron adquirir gran reputación.   Luego, adquiriendo
medios de vivir se casó, tuvo dos hijas de las cuales murió una y la
otra contrajo nupcias con un ciudadano de Chios.

En sus poemas elogió Homero entre otros por agradecimiento á
Mentor, que le dió materia para componer la Odisea, á Mentés el
patrón de navío donde recorrió tantos mares, islas y costas y á Fe-
mio, su maestro y padrastro.   En la citada isla murió el poeta de
una enfermedad infecciosa y no del pesar que le causó, según ano-
tan otros escritores, no poder descifrar un enigma que á su arribo á
la isla le hicieron saber unos jóvenes pescadores.   Fué enterrado
por sus compañeros en las riberas del mar.   Vie d'Homère atribuée
à Herodote: Choix des historiens grecs par J. A. Buchón, Paris 1840.

———

Hemos extractado los pasajes anteriores porque bastan para dar
idea del estilo y tenor en que está escrita, esta vida de Homero que
es breve y de tan amena lectura que bien pudiera comprendérsela
entre las novelas griegas siquiera para aumentar el escaso número
que de ellas poseemos.   No se comprende cómo autores de grande
erudición hayan podido fijarse en este documento para precisar
datos referentes á la vida de Homero.

www.ingramcontent.com/pod-product-compliance
Lightning Source LLC
Chambersburg PA
CBHW081303040426

42452CB00014B/2627